LE PETIT TRAITÉ

rustica

DU BALCON ET DES TERRASSES

Dépôt légal : avril 2016
ISBN : 978-2-8153-0802-1
N° d'éditeur : 46254

www.rustica.fr

Maryline et Roland Motte

LE PETIT TRAITÉ rustica

DU BALCON ET DES TERRASSES

Rustica éditions

SOMMAIRE

AVANT-PROPOS

J'ai du pot d'avoir un balcon !

Au fil du temps, le jardin a évolué en tenant compte des aléas de la société et des modes de vie de nos concitoyens.
La plus grosse évolution concerne la culture hors sol. Dans un pot ou un contenant, la plante peut s'installer partout dans notre univers, en ville, sur un mur, au bord de la route, sur le balcon ou la terrasse...
Le balcon et la terrasse permettent à tout un chacun de cultiver plants et légumes. Le moindre rebord de fenêtre peut être utilisé comme un espace vert, où les plantes pourront s'épanouir en toute quiétude pour le plus grand bonheur des jardiniers amateurs.

Mais la culture en pot, aussi facile soit-elle, demande de respecter quelques règles pour satisfaire aux besoins des plantes.
Dans leur univers, en pleine nature, les végétaux peuvent développer leurs racines en profondeur, la pluie vient réguler l'arrosage et la luminosité est adaptée aux besoins.
Dans un pot, la plante est entièrement dépendante de son jardinier ; c'est lui, par ses choix, par son suivi, ses soins et ses arrosages, qui pourra influer sur la bonne tenue de ses végétaux.
Les plantes fonctionnent de façon simple : eau, lumière, terreau, engrais, protection en cas de froid. En maîtrisant ces quelques opérations, toutes les cultures en pot sont possibles.

Ce traité simple et pratique vous aidera à cultiver les principales plantes de votre balcon ou de votre terrasse.

LE B-A BA !

Tout comprendre pour connaître les éléments indispensables à la bonne culture de vos végétaux. Petit tour d'horizon des informations bien utiles à avoir en mémoire avant l'installation des végétaux afin d'avancer sereinement et faire pousser vos plantes préférées facilement.

BIEN CONNAÎTRE SON BALCON

La priorité est déjà de bien connaître son balcon : l'exposition, le vent, les zones les plus chaudes… En choisissant des végétaux parfaitement adaptés à la situation, la tenue des plantes en sera bien meilleure.

La surface

Un balcon est avant tout un espace à vivre. Les plantes sont là pour nous accompagner dans notre repos et notre intimité.

Avant de passer à la plantation ou à l'installation des pots, vous devez prévoir les lieux de passage et les lieux de vie. Il n'y a rien de plus contraignant qu'un espace envahi par les pots et « infréquentable » faute de place. Les visiteurs ne sauront pas où marcher, et c'est le meilleur moyen pour abîmer le feuillage des végétaux.

Pour créer un espace végétalisé, il faut travailler de façon méthodique avec un plan.

Trouvez une feuille assez grande, commencez par tracer les limites de votre balcon à l'échelle pour ne pas avoir de mauvaises surprises ensuite.

▲ Le géranium, une plante de plein soleil.

Placez sur ce plan dessiné à la main les accessoires de vie : le salon de jardin, les chaises, le barbecue, la plancha, le lit de soleil… Ajoutez aussi la silhouette des accès, prenez en compte vos habitudes et ne négligez pas l'accessibilité à la rambarde.

Pensez également au lieu de vie des enfants, s'ils ont pris l'habitude d'utiliser le balcon comme un terrain de jeu.

Une fois ce croquis effectué, il restera de la place, des angles morts ou des endroits tranquilles qui seront parfaits pour y installer les futures potées.

Mesurez avec un mètre les emplacements disponibles : cela vous donnera la largeur maximale de vos futurs contenants.

La hauteur

Si vous avez un balcon ou une terrasse à ciel ouvert, le calcul est simple et la hauteur est presque illimitée. Si vous disposez d'une avancée de type loggia, la hauteur est d'environ 2,50 m. Le choix des plantes devra être adapté.

Quant à l'emplacement devant la rambarde, là aussi, renseignez-vous avant d'acheter une plante et informez-vous toujours sur sa taille adulte, en pot et en pleine terre. Ces indications seront bien utiles et vous éviteront de retailler chaque année un sujet trop vigoureux. Au balcon, les arbustes à croissance lente sont plus pratiques.

L'exposition

Plein soleil, ombre ou mi-ombre ? Lors du choix d'une plante pour votre espace extérieur, le vendeur dans votre jardinerie vous posera ces questions, auxquelles il n'est pas toujours facile de répondre. Il n'est pas toujours simple de déterminer l'ombre ou le soleil, c'est une question de jugement ! Voici des définitions qui pourront vous aider dans vos appréciations et vos réponses :

- **Soleil :** un végétal est considéré comme une plante de soleil lorsqu'il a besoin d'au moins 5 heures de soleil par jour, l'après-midi, entre 12 h et 17 h. Avec toutefois un bémol si la température est excessivement chaude : en fonction de l'espèce, il faudra alors être prudent de 13 h à 16 h, moments les plus chauds de la journée.
C'est le cas de la majorité des plantes, comme les rosiers, les œillets, les petits fruits, le thym, la lavande…

- **Mi-ombre :** les plantes de mi-ombre sont celles qui craignent justement ce chaud soleil de l'après-midi ; il faut leur éviter les expositions brûlantes entre 13 h et 16 h. Elles ont besoin d'un peu plus d'eau que les autres ; surveillez bien leur arrosage.
On trouve dans ce groupe des vivaces comme les hostas ou les heuchères. Au potager, le persil, la menthe ou l'oseille.

- **Ombre :** les plantes d'ombre ne supportent pas le soleil de l'après-midi. À 12 h, elles doivent être à l'ombre, car le soleil pourrait faire griller leur feuillage. Elles seront au soleil uniquement le matin. C'est le cas des plantes de terre de bruyère comme les érables du Japon ou les rhododendrons. Les impatiences et les bégonias aiment aussi ces emplacements ombragés.

Aujourd'hui, les étiquettes des producteurs sont bien faites et portent généralement un petit sigle pour vous indiquer les besoins spécifiques de la plante et toutes ses préférences.

L'arrosage

Avec le soleil et le vent, l'eau peut s'évaporer rapidement, surtout si le pot est petit. L'eau est indispensable pour les végétaux. Aucune plante, même la plus résistante à la sécheresse comme les cactus, ne peut s'en passer. L'eau doit être présente régulièrement dans le terreau. Et en pots, les plantes sont dépendantes du bon vouloir du jardinier. La période des vacances d'été est la plus difficile à passer pour nos amies à feuilles et à fleurs. Une absence d'eau en période chaude pourra devenir fatale !

▲ Arrosage en pluie fine.

LE VENT

Terrible ennemi qui vient dessécher les pots et casser les plantes fragiles ! D'où vient le vent, c'est LA question à se poser sur le balcon ou la terrasse. Les vents dominants peuvent devenir violents ; en général, ils arrivent toujours de la même direction. Il existe de très jolies petites girouettes qui, une fois installées, vous donneront le sens du vent. En relevant régulièrement leur provenance, du nord au sud, de l'est à l'ouest, vous connaîtrez les habitudes des vents de passage. Cette notion est particulièrement importante en été, lorsque le vent favorise l'évaporation de l'eau dans les pots, et en hiver, où il accentue l'impression de froid et peut provoquer le gel des plantes les plus sensibles.

Pour vous éviter de faire la navette avec un arrosoir depuis la cuisine jusque sur le balcon, prévoyez, si cela est possible, un robinet à l'extérieur. Vous pouvez aussi détourner l'eau du toit pour la récupérer dans un réservoir. On trouve aujourd'hui des récupérateurs d'eau décoratifs parfaitement adaptés à un balcon ou une terrasse.

Pour limiter les soucis liés à l'arrosage, le choix des plantes est bien sûr très important, l'exposition aussi. Vous pourrez utiliser un arrosage automatique pour vous simplifier la vie, sans oublier le paillage dont nous reparlerons un peu plus tard.

La disposition des végétaux

La logique est d'installer les plantes de petite taille sur le devant, les grands sujets se retrouvant sur l'arrière. Mais, dans tous les cas, il convient de faire appel à votre bon sens. Prenez en compte les différents points de vue, depuis la balustrade ou le bord de la terrasse : inutile d'obstruer avec un arbuste qui masquerait la vue.

Vous devez aussi préserver – ou non – la vue depuis l'intérieur de l'appartement : l'horizon est important si vous souhaitez conserver le panorama.

Le choix des arbustes sera déterminant. Aidez-vous là encore d'un plan de face en indiquant la hauteur des végétaux adultes ; votre choix sera facilité lors de votre passage chez le pépiniériste ou à la jardinerie grâce à ce carnet de bord.

L'habillage du mur

L'utilisation des plantes grimpantes permet l'habillage des murs. Avec les plantes grimpantes, on utilise peu de largeur pour un maximum de fleurs et de verdure sur toute la hauteur du mur ; l'investissement est parfaitement optimisé.

La majorité des plantes grimpantes ont toutefois besoin d'un support pour grimper, elles ne s'accrochent pas seules au mur comme savent si bien le faire la vigne vierge et le lierre. Les clématites, les chèvrefeuilles ou les bignones, pour ne citer qu'elles, peuvent grimper, mais le support est indispensable. C'est la même chose pour le rosier grimpant qui a besoin de fixations : c'est à vous de le diriger sur le support.

▲ La clématite, une jolie grimpante.

Il existe de très jolis treillages en losanges ou en carrés. Avec une bonne perceuse et quelques vis, vous pourrez donner du style à un mur avant même de l'habiller de plantes.

La couleur

Les fleurs apportent de la couleur, même si pour les plantes, la dominante est verte. Les arbustes fleurissent en moyenne un mois dans l'année, les vivaces un peu plus longtemps, et les plantes annuelles de mai à l'automne. Tout l'art du jardinier décorateur réside dans le choix des végétaux, de façon à étaler la floraison et avoir des couleurs toute l'année. Les époques de floraison sont indiquées sur les étiquettes des plantes. Soyez attentif à ce détail, c'est la clé de la réussite pour un balcon fleuri toute l'année, même en hiver.

Ensuite, vous n'avez plus qu'à harmoniser les couleurs. L'équilibre est souvent difficile à trouver, mais il est d'autant plus compliqué si vous optez pour plus de trois dominantes. Avec deux dominantes principales, vous êtes à peu près sûr de rester dans le « bon » goût, en respectant autant que possible couleurs chaudes et couleurs froides.

COULEURS CHAUDES ET COULEURS FROIDES

- Les couleurs chaudes attirent l'œil, elles sont dynamiques, mais très difficiles à marier entre elles : rouge, jaune, orange.
- Les couleurs froides sont reposantes, apaisantes, inspirent calme et méditation : rose, violet, bleu.
- Il est possible d'associer couleurs chaudes et couleurs froides avec les couleurs neutres comme le vert et le blanc.

CHOISIR LES POTS

Le pot, quelle que soit la matière, c'est l'élément essentiel pour conserver la plante et pour la rendre encore plus belle !

Le bon pot

Le pot est essentiel pour cultiver une plante en dehors du jardin. La culture hors sol, puisque c'est son nom, permet bien des fantaisies, y compris d'installer un coin de nature au beau milieu de la ville, alors qu'il n'y a pas le moindre terrain disponible. Mais il y a différents types de pots. Ils peuvent varier de forme, de taille, de couleur ou de matière.

Choisir un pot n'est pas une mince affaire. Il faudra tenir compte des besoins de la plante, mais aussi du style que vous souhaitez donner à votre balcon.

La taille

Le volume de terre nécessaire varie en fonction du développement des végétaux. Un petit géranium ne développe pas les mêmes racines qu'un grand rosier ou un arbre. Il faut donc trouver la bonne taille. Plus le pot est profond, plus il contient de terre et plus les plantes formeront de grandes racines. Si le volume de terre est important, l'évaporation de l'eau en plein été sera aussi plus lente, et vous ne serez pas obligé d'arroser quotidiennement. En général, un bonsaï dans sa toute petite terrine demandera un apport d'eau bien plus souvent qu'une plante installée dans un très grand pot.

Pour les fleurs du balcon, prévoyez un contenant d'au moins 35 cm de profondeur. Pour un arbuste, il faut compter environ 50 cm.

Lors d'un rempotage, le choix est simple : mesurez le diamètre du pot actuel, sa profondeur, et trouvez un contenant plus grand de 4 ou 5 cm. Inutile d'opter

▲ Le choix de la taille du pot est important.

pour un trop grand pot : la progression des racines se fera naturellement, au fur et à mesure de l'évolution de la plante, et il faudra donc rempoter régulièrement.

La forme

En général, les formes sont plutôt conformistes, mais le contenant horticole légèrement évasé a vécu : avec le temps, les potiers du monde entier ont su varier les formes, les hauteurs, les diamètres... Déjà dans l'Antiquité, les poteries, qui n'étaient pas destinées à recevoir des plantes, pouvaient devenir originales.

Pour nous, jardiniers amateurs, il convient aussi de joindre l'utile à l'agréable. Comme nous l'avons vu précédemment, plus le pot est profond, plus la plante pourra se développer dans de bonnes conditions. Profitez donc des nouveaux looks modernes pour choisir un vase élancé.

Si vous craquez pour un contenant plus large que haut, vous devrez prévoir plusieurs plantes pour occuper toute la surface. Si vous optez pour une vasque évasée dans laquelle vous installez un arbuste ou un arbre, pensez qu'il faudra un jour changer le pot, et avec l'enchevêtrement des racines, le seul moyen pour retirer la motte... sera de casser le pot.

La réserve d'eau

On ne le répétera jamais assez, en pot, la plante est dépendante du bon vouloir de son jardinier. Il fallait donc trouver une solution pour garder les végétaux en bonne santé, sans être obligé d'arroser tous les jours.

La réserve d'eau est une trouvaille simple qui permet de disposer, à la base du pot, d'un réservoir équipé d'une bande de tissu. Cette bande sert de pompe à l'eau qui monte par capillarité jusqu'à l'étage supérieur, là où se trouve le terreau. Ce dernier est ainsi en permanence humide, tant qu'il y a de l'eau dans la réserve. Cette technique permet d'espacer les arrosages pendant une semaine sans voir pour autant ses fleurs se dessécher.

Un petit repère sur le côté vous indiquera si le niveau d'eau est bien conforme. Vous devez être attentif à ne pas arroser en trop grande quantité et suivre le repère ou le niveau de l'eau dans le réservoir. Un excès d'eau est aussi dangereux pour une plante qu'une pénurie. Alors si vous avez laissé le pot sous la pluie, le remplissage en excès se fera sans vous consulter, et la plante pourrait bien ne pas se relever de ce traitement.

En résumé, le bac à réserve d'eau est une excellente technique pour les plantes d'intérieur ou pour les plantes d'un balcon sous abri. Pour le balcon ou la terrasse en plein vent, il est préférable d'utiliser les pots traditionnels percés, pour faciliter l'évacuation de l'eau en excès.

La résistance au gel

En fonction des régions, le froid, la neige et les intempéries peuvent avoir raison des poteries les plus fragiles. La prudence s'impose donc lors de l'achat. Rassurez-vous, la grande majorité des poteries ne vous feront pas faux bond et les fabricants indiquent bien souvent le niveau de résistance sur l'emballage.

Avec les quelques règles suivantes, vous pourrez faire le bon choix :

- Le gel est provoqué par l'eau qui se solidifie lorsque les températures descendent en dessous de 0 °C. L'eau présente dans le contenant augmente alors de

▲ Un pot, un style.

LES POTERIES ÉMAILLÉES

Les poteries en terre cuite sont poreuses et laissent passer l'eau. C'est d'ailleurs l'avantage de ces pots qui sont perméables et facilitent la respiration des racines. Mais cet avantage peut se transformer en problème pendant l'hiver : l'eau peut imprégner les parois et provoquer leur éclatement en cas de gel.
Que faire pour que l'eau en excès ne vienne pas perturber la vie de nos pots ? Une solution toute simple consiste à opter pour la poterie émaillée. Cette technique, en plus d'être particulièrement esthétique, imperméabilise la terre cuite à l'intérieur comme à l'extérieur.
L'eau glisse alors le long des parois sans y pénétrer : impossible de faire éclater le pot, à condition que l'eau puisse s'écouler dans le fond.

volume et fait éclater le pot. Il faut donc trouver un matériau qui ne garde pas l'eau, mettre la poterie à l'abri ou s'arranger pour que l'eau s'évacue facilement du pot.

• Le problème ne se pose pas si vous abritez les pots : ces derniers ne subiront pas les intempéries et n'auront que très peu de risque de geler. Par contre, si vous cultivez des arbustes en pots et s'ils sont abrités, il faudra penser à les arroser de temps en temps pendant l'hiver.

• Si vos contenants sont constitués d'un matériau non poreux comme le zinc, la résine ou le bois traité, il n'y a pas de gros risques ; contrôlez juste l'évacuation de l'eau dans le fond du pot. Ces contenants peuvent rester dehors pendant toute la saison hivernale.

La terre cuite

Les pots traditionnels ont de tout temps été moulés, coulés ou façonnés en terre cuite. En fonction des propriétés de la glaise, il est possible de la travailler de différentes manières pour obtenir des pots de toutes formes et de toutes tailles. Les poteries sont fabriquées dans les régions où la terre se prête à ce façonnage. En France, depuis de nombreuses années, les pots viennent bien souvent de Lorraine. Le mélange de terre et d'eau est coulé dans des moules, la glaise épurée est aussi pressée de façon industrielle avant d'être cuite dans des fours chauffés à plus de 1 200 °C.

Aujourd'hui, les nouvelles techniques permettent de peindre les pots à l'intérieur comme à l'extérieur. Cette méthode permet de multiplier les coloris à l'infini et de choisir une poterie en terre cuite en fonction de la couleur souhaitée, adaptée à la plante, à l'environnement et même à la couleur des murs… Avec ou sans peinture, la terre cuite reste la référence du pot de jardin.

▲ La terre cuite, une matière indémodable.

La résine

La maîtrise du plastique, ou plutôt de la résine de synthèse, permet d'obtenir des copies dignes de nos pots traditionnels, avec un poids bien moins important, ce qui facilite la manipulation des pots. Rotomoulées ou pressées, les poteries dites en plastique sont déclinées dans tous les coloris et toutes les formes. Elles sont imperméables et ne gèlent pas quelles que soient les circonstances, à condition que le plastique soit de qualité et que l'eau puisse s'évacuer par le fond pendant l'hiver.
L'avantage, c'est le poids. Par rapport à une poterie en terre ou en pierre, la résine est cinq à dix fois moins lourde en fonction de la taille du pot. Et quand il faut déplacer la composition avant l'hiver, l'argument est important.

Les autres contenants

Toutes les matières susceptibles d'être travaillées peuvent devenir des contenants pour recevoir les plantes. C'est le cas du grès, du bois assemblé, de la pierre reconstituée, du fer, du zinc… L'ingéniosité du jardinier le poussera même à inventer des bacs en tissu, des pots sculptés dans des troncs d'arbre, dans des noix de coco…

Vous l'aurez compris, le contenant peut être classique ou dépasser l'imagination et sortir de son contexte. Détourner un objet comme un vieux pneu peut devenir un vrai jeu de jardinier en mal d'inventivité. Le tout est de choisir la plante la plus adaptée à cette folie en pot.

LA TERRE

La terre ou le terreau, c'est la base pour la croissance d'une plante. En fonction de la nature et de la qualité du sol, les végétaux pourront se développer ou végéter. Pour les pots, le choix d'un terreau de qualité est indispensable.

Les différents types de terre

Il existe différents types de terre ayant chacune leurs particularités. Les plantes, dans la nature, ont su s'adapter à leur environnement. Un sapin préfère les terrains souvent humides et bien drainés, il n'aime pas les terres trop compactes. A contrario, un pommier se plaît dans l'argile lourde et profonde. Les plantes d'intérieur viennent souvent de pays tropicaux où le terrain est acide et humifère (riche en humus). Bref, le monde végétal a su s'adapter à des conditions de vie bien particulières, qu'il s'agisse de la météo ou du sol. Pour avoir de belles plantes, en fonction de la variété, il est essentiel de répondre à leurs exigences.

▲ Choisissez le bon substrat.

Le sol est le support essentiel de pratiquement toutes les plantes. À part quelques orchidées et autres espèces surprenantes qui vivent de l'humidité ambiante et se développent sur des supports aériens, la très grande majorité des végétaux a besoin d'un substrat pour croître et permettre aux racines de pousser.

C'est dans la terre que les plantes vont chercher la nourriture dont elles ont besoin au quotidien. C'est dans la terre que circule l'eau indispensable à leur vie. Mais la terre est aussi le support, le socle qui permet aux racines de maintenir bien droites les parties aériennes. Plus la plante est imposante, plus son système racinaire devra faire fonctionner la machine, et plus le socle devra être stable pour que l'ensemble tienne debout. La profondeur de terre sera donc très importante. Plus la plante sera grande, plus le pot devra être profond.

LE PH

C'est le potentiel hydrogène. Le pH permet de définir l'acidité du sol et est compris entre 0 et 14. Vous pouvez voir la mesure sur l'arrière des sacs de terreau, c'est écrit sur l'emballage. La moyenne est à 7. En dessous de 7, le terreau est acide ; au-dessus de 7, il devient plutôt calcaire. La majorité des terreaux se situant entre 6,5 et 7,5, on peut considérer qu'ils sont neutres. Pour le balcon, hormis pour les plantes de terre de bruyère qui ont besoin d'un terreau relativement acide (pH d'environ 5) et pour lesquelles vous utiliserez de la terre de bruyère, pour tout le reste, vous n'avez pas à vous soucier de ce fameux pH !

▲ Acide ou calcaire ?

La création d'un balcon ou d'une terrasse avec des pots est le début d'une culture hors sol, donc en dehors du jardin. Il faut créer les conditions de survie de la plante. Le pot et son terreau vont faire office de mini-coin de terre à la disposition d'un seul spécimen ou d'une composition de plusieurs végétaux.

Contrairement à ce qu'il se passe en pleine terre, les plantes et leurs racines ne pourront pas se développer à l'infini. Le substrat va finir par se tasser et les oligoéléments contenus dans le terreau ne pourront pas se régénérer. Voilà pourquoi le rempotage est indispensable : il permet de renouveler la terre pour assurer la pérennité de la plante.

Le choix du terreau

Aujourd'hui, les producteurs de terreau et les magasins spécialisés ont bien fait les choses : il existe un terreau adapté à chaque famille de plantes.

• **Les plantes de terre de bruyère** ont besoin d'une terre souple, plutôt acide, presque noire et humifère, que l'on pourrait appeler de la bonne terre de forêt. On trouve de la véritable terre de bruyère ou de la terre dite de bruyère. Ces deux supports ont les mêmes qualités, ils sont prêts à l'emploi. La terre de bruyère convient pour les bruyères, les rhododendrons, les camélias, les hortensias… La photo des plantes figure souvent sur l'emballage.

• **Pour les arbustes,** vous pouvez utiliser un terreau spécial arbustes, ou un produit dédié aux bacs ou balconnières… Les arbustes ne sont pas très exigeants ; tous les terreaux cités contiennent de l'engrais pour soutenir le développement de la plante, ils sont légers et favorisent la reprise des arbustes. Il existe aussi des terreaux pour plantes du Sud, qui sont des terreaux destinés aux agrumes, lauriers-roses, oliviers…

TERREAU OU AMENDEMENT ?

La différence est assez simple mais, en jardinerie, on ne s'y retrouve pas toujours en raison du nombre de références dans les rayons. Voici quelques indications qui vous permettront de distinguer les deux matériaux :

• En fonction de leur destination (terre de bruyère, semis…), les terreaux sont prêts à l'emploi. Vous pouvez les utiliser au sortir du sac pour installer directement une plante dans son pot. Tenez compte des spécificités de chaque espèce. Impossible par exemple d'obtenir de bons résultats en semant des graines dans un terreau pour balconnières qui contient de l'engrais : ce dernier est trop riche pour elles.

• Les amendements sont quant à eux destinés à être mélangés à la terre afin d'en renforcer les qualités. C'est le cas du fumier desséché qui permettra de nourrir le sol, de la tourbe qui servira à l'alléger, du compost, toujours pour nourrir…
Pour le balcon, dans la majorité des cas, vous avez juste à utiliser des terreaux prêts à l'emploi.

• **Pour les petites fleurs et les vivaces,** c'est encore plus simple, vous pouvez choisir les terreaux pour géraniums, pour balconnières, pour plantes fleuries…

Vous l'aurez compris, en fonction des marques, l'appellation peut changer, mais la destination reste la même.

• **Le terreau pour semis** est un terreau spécifique. Dépourvu d'engrais, il est conçu pour que les graines puissent germer : un engrais trop riche ne leur permettrait pas de démarrer.

• **Le terreau pour plantes d'intérieur,** très léger, est destiné uniquement aux plantes de la maison, nos fameuses plantes vertes.

• **Les terreaux pour plantation, ainsi que les terreaux universels ou horticoles** doivent être si possible mélangés avec du compost afin d'être enrichis.

▲ Semis en caissette de betterave.

Un terreau qui retient l'eau

Autre qualité indispensable pour un bon terreau : sa capacité à retenir l'eau et à la distribuer aux plantes. Par souci d'économie, on est parfois tenté de choisir un terreau premier prix. Mais ce choix implique des qualités médiocres qui pourraient vous jouer quelques tours.

La rétention de l'eau empêche cette dernière, lors d'un arrosage, de descendre directement dans la soucoupe sous le pot. C'est ce qui se passe si la rétention est faible : vous pensez arroser copieusement, mais l'eau n'a aucune efficacité. Résultat : vous dépensez de l'eau inutilement et il faut arroser plusieurs fois par jour afin de garder la plante en vie.

La différence entre un terreau de qualité moyenne et un terreau haut de gamme vient souvent de ce détail. Il faut beaucoup d'éléments fibreux pour bien retenir l'eau et garder le terreau humide malgré les écarts de température. Il existe aujourd'hui des terreaux assurant une forte rétention de l'eau qui limite la corvée d'arrosage. Ils sont plus chers, mais aussi nettement plus efficaces.

Les matières organiques

Riche ! C'est ce qu'on lui demande, à ce terreau, qu'il soit riche en oligoéléments pour nourrir la plante. Celle-ci va puiser dans le substrat tous les nutriments dont elle a besoin pour assurer correctement sa croissance et son développement. Si le terreau est pauvre et contient très peu de matières organiques, la plante s'épuisera rapidement et ne vous donnera pas satisfaction. Il sera toujours possible d'ajouter des engrais par la suite en respectant les doses indiquées, mais la qualité du terreau à l'achat est déterminante.

POTS PERCÉS

Si, nous l'avons vu, l'arrosage est indispensable à la plante, l'excès d'eau peut lui être très néfaste. Un terreau gorgé d'eau perd ses qualités et peut devenir extrêmement dangereux pour les racines. Les pots sont exposés dehors, parfois en plein soleil si le temps est beau, mais aussi à la pluie. Quelle que soit la nature du terreau ou de la plante choisie, le drainage doit être parfaitement assuré. Si le pot n'est pas percé dans le fond et si l'évacuation de l'eau n'est pas prévue, l'eau peut stagner et provoquer des dommages irréversibles pour la plante en cas de forte humidité. Le choix du terreau est donc important, mais le choix du pot encore plus, tant pour sa profondeur que pour l'évacuation de l'eau.

Les terreaux premiers prix sont composés à l'économie. Or, les mélanges et les apports de matières nutritives demandent un peu de matière première et de valeur ajoutée. Pas moyen d'offrir le prix le plus bas pour un terreau de qualité. Ce n'est pas bien grave pour les plantes qui sont en pleine terre, mais en pot, si votre végétal est appelé à passer sa vie dans ce terreau de base, il pourrait bien ne faire que végéter. Alors, veillez à ce que le terreau contienne bien ces fameuses matières organiques, sous forme de compost, d'algues ou de fumier desséché. Certains terreaux renferment même un engrais prédosé.

Le choix du terreau peut prendre un peu de temps, mais cela se révélera précieux pour l'avenir, la vie et la bonne santé de votre plante. Cherchez un vendeur, demandez-lui conseil, lisez l'emballage, ne choisissez pas en fonction du prix, mais en fonction des besoins de la plante.

PLANTATION ET REMPOTAGE

L'un ne va pas sans l'autre ! Vous allez obligatoirement commencer par la plantation puis, quelque temps après, mois ou années, vous allez finir par rempoter.

Vos végétaux poussent et se développent. Ils en arrivent à se sentir à l'étroit dans leur pot devenu trop petit. Les racines s'emmêlent et s'entremêlent pour finir par déborder. Et puis, le terreau se lessive, s'épuise et perd ses qualités.

La plantation et le rempotage sont deux opérations importantes, à réaliser correctement et au bon moment pour le bien-être de vos plantes. Prendre soin de ses plantes a un côté relaxant. C'est une réelle satisfaction, un bonheur partagé.

▲ Potée de *Senna corymbosa*.

LE SEMIS

L'opération est assez simple. Choisissez un contenant, remplissez-le de terreau spécial semis jusqu'au niveau du rebord. Ce substrat est idéal pour les semis car il ne contient pas d'engrais, ces derniers pouvant brûler les radicelles des plantules. Il existe trois façons de procéder.

• **Semis en place d'une plante à grand développement**, comme la courge. Prenez un pot d'au moins 40 cm de profondeur, rempli de terreau. Creusez un poquet (trou de 3 cm de toutes parts) et placez 3 graines de la même variété en son centre. Recouvrez les graines avec 1 cm de terreau, tassez, arrosez.
En procédant ainsi dès le mois d'avril, vous avez l'assurance de voir germer au moins une des 3 graines. La plante se développe sur place.

• **Semis en place de plantes à petit développement**, comme les radis. Prenez un bac d'au moins 20 cm de profondeur, rempli de terreau. Semez des graines à la volée, de façon aléatoire, sur toute la surface du terreau. Recouvrez-les d'une fine pellicule de terreau, tassez, puis arrosez avec un arrosoir muni de sa pomme.
Les radis se développent sur place dès le mois de mars ; vous les récolterez au fur et à mesure de vos besoins.

• **Semis en godet, semis précoce** : pour gagner de la place et du temps. Vous pouvez procéder ainsi pour vos plants de tomates, courgettes, aubergines…
Dès février, remplissez des godets (petits pots) avec du terreau spécial semis. Placez 2 ou 3 graines d'une même variété au centre du pot. Avec votre doigt, enfoncez de 1 cm au maximum les graines dans le terreau. Recouvrez-les de terreau, tassez doucement et apportez de l'eau en pluie fine. Placez les godets à la lumière du jour, dans une pièce chauffée entre 18 et 25 °C. Le terreau doit être maintenu humide pour une bonne germination.
Quand les plantules atteindront 5 cm de haut, vous pourrez les transplanter dans leur pot définitif.

Pourquoi rempoter ?

Rempoter est important pour plusieurs bonnes raisons. La première est incontestablement le manque de place. Du printemps à l'été, au fil des années, votre plante grandit, s'étoffe et se développe.

Le rempotage s'impose également pour changer complètement ou partiellement le terreau. À force d'arrosage, votre substrat se trouve appauvri. Les nutriments qui faisaient sa richesse et le bonheur de votre végétal ont disparu, lessivés par l'eau ou ingurgités par les racines. Votre plante a besoin de se nourrir pour vivre et se développer. Un terreau neuf lui apportera à nouveau tout ce dont elle a besoin.

Quand rempoter ?

La meilleure période de rempotage est le printemps, au sortir de l'hiver. La plante, quelle que soit son espèce ou sa variété, connaîtra une période de dormance entre décembre et mars, un hivernage en d'autres termes. Ses plus gros besoins nutritifs se feront sentir dès son réveil, au printemps.

Évitez de pratiquer le rempotage quand les gelées sont encore à craindre. Il est préférable de ne pas faire subir de petite gelée printanière à votre plante fraîchement rempotée. En général, le mois de mars est tout indiqué pour faire un rempotage. Mais, comme les années se suivent et ne se ressemblent pas forcément, il est recommandé d'être vigilant à la moindre petite gelée blanche annoncée. D'une manière générale, il est préférable de pratiquer un rempotage même de façon un peu tardive, en avril au maximum, plutôt que de prendre des risques.

Préparer la plante

Pour faciliter l'opération de rempotage, préparez votre plante. Dans un premier temps, placez-la sur une table de travail préalablement protégée de vieux journaux ou d'une nappe qui ne risque plus rien. À l'aide d'un plantoir, retirez le terreau de surface. Vous pouvez également le faire simplement, à la main, en revêtant des gants.

▲ Rempotage de géraniums panachés.

Dégagez ensuite avec plus de minutie la motte de terre formée et contenue par le système racinaire de votre végétal. Une fois qu'elle est libre du reste du terreau, grattez les racines avec une griffe pour les aérer. Pratiquez cette opération au-dessus du pot, pour y laisser tomber le terreau.

Afin de régénérer votre plante, coupez juste le bout des racines avec une paire de ciseaux ou un sécateur préalablement désinfectés à l'alcool à brûler ou avec de l'eau javellisée. N'effectuez pas de coupe sévère ; cette petite taille doit rester superficielle pour ne pas blesser la plante. Griffez ensuite à nouveau la motte, et secouez-la doucement pour l'aérer complètement. Reposez-la au centre du pot.

Le rempotage

L'intérêt du rempotage est de redonner un peu d'espace vital à votre plante. Pour cela, choisissez un pot plus grand d'une seule taille que le précédent. Ne prenez surtout pas un pot du double de contenance car votre plante stresserait par manque de repères. Une taille supplémentaire est largement suffisante.

Pensez à vérifier la présence d'un trou d'écoulement pour permettre le drainage ; au besoin, percez-en un, sauf pour les bacs à réserve d'eau destinés à l'intérieur de la maison.

Si le végétal craint l'humidité au niveau du terreau, placez une couche de billes d'argile sur une épaisseur correspondant au dixième de la hauteur du pot. Les billes d'argile sont drainantes, elles laisseront s'écouler le surplus d'eau de votre terreau.

Au-dessus et à même le lit de billes d'argile, placez un feutre de jardin. Couvrez bien toutes les billes, quitte à remonter le feutre de 5 cm sur les parois de votre contenant. Le feutre retiendra le terreau qui pourrait filer avec l'eau d'arrosage.

Maintenant, vous pouvez déverser votre terreau jusqu'au quart de la hauteur du pot. Placez la motte de votre végétal au centre, posée sur le terreau. Le dessus de la motte doit être au niveau du rebord de votre bac. Ajustez en conséquence en rajoutant ou retirant du terreau sous la motte. Une fois l'ajustage en hauteur effectué, remplissez les espaces vides sur les côtés avec du terreau. Tassez fortement. Arrosez.

▲ Rempotage d'un pied de tomate.

TRANSPORTER LE TERREAU

Il n'est pas toujours aisé de transporter les sacs de terreau, certains étant très volumineux et lourds. Mais heureusement, aujourd'hui, les professionnels sont attentifs à nos ***desiderata*** et il est très facile de trouver toutes sortes de terreau en petits conditionnements. Il existe des sacs de 5 à 20 litres avec poignées, qu'il vous sera commode de transporter du coffre de votre voiture jusqu'à votre porte d'entrée. Si vos besoins sont trop importants, pensez à la livraison ! Les professionnels sont équipés de diables et autres moyens adaptés pour vous faciliter la vie.

Rempoter sans salir la terrasse

Un moyen très simple consiste à étaler une protection sur la table de rempotage, sur votre table de salon de jardin, ou sur le sol si vous préférez travailler par terre. Faites d'une pierre, deux coups ! Vous avez acheté du feutre de jardin que vous avez installé dans le fond de vos bacs ? S'il en reste suffisamment, dépliez-le totalement et utilisez-le comme toile de protection, bien plaqué au sol.

Le deuxième moyen pour ne pas salir la terrasse est d'ouvrir avec précaution le sac de terreau. Le plus simple est de le poser à plat sur la table ou sur le sol. À l'aide d'un sécateur ou d'un cutter, fendez le plastique, sur le dessus du sac, d'un trait vertical et d'un autre horizontal, pour faire une croix. Relevez les quatre triangles obtenus en tirant les pointes vers l'extérieur. Vous allez pouvoir vous servir dans le cœur même du sac de terreau et au fur et à mesure de vos prélèvements, vous pourrez rassembler le terreau vers le centre du sac pour plus de facilité. Après avoir prélevé la quantité nécessaire, déversez le reste dans un pot en plastique dans lequel vous aurez pris soin de placer un morceau de feutre de jardin pour éviter la fuite du substrat par le trou de drainage.

LA FERTILISATION

Pour être en forme, rien de tel qu'un bon repas bien équilibré ! C'est valable pour nous, pour nos animaux de compagnie, mais aussi pour les fleurs ou les arbustes dans les pots ou en pleine terre.

De l'engrais pour manger

Les plantes sont des êtres vivants comme les autres, qui ont besoin de respirer, de boire, de manger… Si les différents éléments (air, eau, nourriture) sont apportés sans excès et avec régularité, alors vous obtiendrez des sujets robustes, et plus leur santé sera bonne, mieux ils résisteront aux différentes maladies et aux parasites variés.

La terre du jardin contient une quantité plus ou moins importante d'oligoéléments, de nourriture indispensable à la plante. Mais en pot, l'espace est limité et les éléments nutritifs disparaissent rapidement avec l'eau d'arrosage. Il faut donc reconstituer le stock pour que les racines puissent aller chercher le « repas » pour l'ensemble de la plante, tige, feuilles et fleurs comprises.

C'est là qu'intervient le jardinier, avec un apport régulier d'engrais biologique. Ni trop, ni pas assez : un excès d'engrais serait d'abord inutile et risquerait aussi de brûler les extrémités des racines. L'idéal, quelle que soit la nature de l'engrais choisi, est de bien respecter les doses et les conditions d'emploi indiquées sur l'emballage. Ni plus, ni moins !

NPK

N, l'azote :
Il est là pour contribuer au développement des parties aériennes de la plante et en particulier du feuillage. L'azote est particulièrement utile à la plantation, mais aussi au démarrage de la saison au printemps. Il favorise la vivacité du gazon et des légumes-feuilles comme les salades ou les choux. On le retrouve en grande quantité dans le purin d'ortie, par exemple.

P, le phosphore :
Il est indispensable au bon développement des racines et renforce aussi la capacité de résistance de la plante. Il est idéal pour les légumes-racines. Un manque de phosphore et la plante est plus facilement sujette aux maladies. On retrouve cet élément dans la poudre d'os ou dans les fientes de volaille.

K, le potassium :
Obligatoire pour le développement des fleurs et des fruits de la plante, c'est l'engrais de prédilection pour les fruitiers, mais aussi pour les rosiers et les plantes à fleurs. On le trouve dans les cendres de bois.

OLIGOÉLÉMENTS

N, P et K sont les oligoéléments les plus importants pour la vie de la plante, aussi essentiels que les lipides, glucides et protides pour le corps humain. Mais ils doivent être complétés par d'autres apports de calcium (Ca), de soufre (S), de magnésium (Mg) et de quelques autres, qui contribuent à moindre dose au bon développement de nos protégées.
Les oligoéléments forment des combinaisons plus ou moins complexes dans le sol, c'est ce qui fait la qualité ou la richesse de ce dernier. Ils sont présents à toutes les étapes de la vie de la plante, y compris pour la formation de l'indispensable chlorophylle.

▲ Jus de compost utilisé en engrais naturel.

Les différentes formes d'engrais

Des engrais, il en existe de différentes formes et pour différents usages ; vous aurez l'embarras du choix pour trouver celui qui conviendra le mieux à vos plantes. Si vous ne savez lequel choisir, vous pouvez utiliser l'engrais universel qui, comme son nom l'indique, sert de passe-partout et convient à tous les végétaux. Et si vos connaissances sont un peu plus poussées, vous pourrez choisir en fonction de la famille ou de la destination : plantes vertes, plantes fleuries, plantes de terre de bruyère, fruitiers, géraniums, rosiers, cactus, orchidées, arbustes, conifères, potager, tomates...

Les engrais liquides doivent être mélangés à l'eau d'arrosage. Le bouchon du bidon sert souvent de doseur.

Certains engrais sont présentés en poudre, à saupoudrer sur le pot, au pied de la plante. Il en est de même pour les engrais en granulés. Dans les deux cas, le respect des doses est capital pour une bonne santé de la plante.

Chimiques ou naturels ?

Aujourd'hui, les engrais naturels sont aussi techniques et efficaces que leurs homologues chimiques, alors la réponse tombe sous le sens et votre choix pourra se porter sur les engrais utilisables en agriculture biologique.

Les engrais naturels sont composés de matériaux organiques comme les plumes, les os, la vinasse, le cacao... En fonction des marques, ils peuvent avoir des provenances diverses. Mais leur point commun à tous, c'est d'apporter la bonne dose et le pourcentage précis d'oligoéléments dont les plantes ont besoin.

TROP OU PAS ASSEZ

Si l'excès d'engrais est dangereux pour les plantes en pots et risque de brûler leurs racines, le manque d'engrais se repère aussi très vite : les feuilles jaunissent, le végétal ne produit plus guère de jeunes pousses, s'étiole, les feuilles se raréfient et la plante finit par mourir de faim. Notre premier réflexe est souvent de chercher la réponse dans un produit pour lutter contre une éventuelle maladie. Mais c'est inutile, pas de maladie en vue dans ce cas, c'est un simple « coup de pompe », une fringale provoquée par le manque de nourriture et qui peut se terminer de façon dramatique si les nutriments n'arrivent pas rapidement.

Sur chaque boîte figure le pourcentage d'azote (N), de phosphore (P) ou de potassium (K). Si la mention NPK est suivie des chiffres 10 / 10 / 10, c'est que chacun des éléments est contenu à égalité en pourcentage de produit : 10 % de N, 10 % de P et 10 % de K.

En fonction des plantes et de leurs besoins, les formulations sont prévues pour apporter le dosage le plus approprié pour un développement optimal du végétal. Il n'y a plus qu'à vous laisser guider.

Comment ça marche ?

Les engrais sont présents dans le sol qui sera plus ou moins riche en fonction de son origine et de son histoire. Dans une forêt, les arbres et les plantes n'ont pas besoin d'engrais pour se développer et pour produire une végétation souvent luxuriante. La nature se suffit à elle-même : les plantes qui disparaissent, les feuilles qui tombent ou les branches qui jonchent le sol se transforment peu à peu en humus, en nourriture ensuite assimilable par les plantes. Sans l'aide de personne, le cycle se renouvelle en permanence et les déchets végétaux servent d'engrais pour les plantes qui apparaissent. Rien ne se perd, tout se transforme pour assurer à nouveau la vie du règne végétal. Pour que cela marche, il faut que le sol soit vivant, chargé de bactéries pour accomplir ce travail de transformation, et il faut aussi de la matière première – les feuilles et les branches, le bois mort et les déchets végétaux en tout genre.

Dans le jardin et qui plus est dans un pot, la situation est plus compliquée. La plante a les mêmes besoins, mais le renouvellement ne peut pas se faire naturellement. Nous devons donc apporter un complément nutritif à tout ce petit monde pour l'aider à grandir.

Le compost

Puisqu'en forêt, les déchets végétaux se recyclent, il est facile de reproduire le même processus dans un jardin. En rassemblant les déchets de tonte, les feuilles mortes, les plantes sèches, les branches préalablement broyées, puis en stockant toute cette

LE LOMBRICOMPOST

Les bactéries ne sont pas seules capables de transformer les déchets végétaux en compost. Les vers de terre sont aussi les maîtres en la matière. Les jardiniers l'ont bien compris qui ont inventé le lombricompost, un compost issu de la décomposition des végétaux par les lombrics, ces vers de terre indispensables à la bonne santé du jardin.
Plus fort encore, il vous est possible maintenant de trouver un composteur à installer sur le balcon équipé de ces vers qui vont transformer vos épluchures de pommes de terre et autres fanes de légumes en un véritable compost.

verdure « usagée » en tas dans le fond du jardin, on assure les conditions idéales pour créer un vrai compost qui sera utilisable dans les pots ou dans le jardin pour nourrir les autres plantes.

Tout ne rentre pas dans la composition d'un bon compost, qui n'accepte pas les plantes malades, les herbes indésirables montées en graines ou les autres déchets qui ne viennent pas du monde végétal.

Mais il n'est pas nécessaire de disposer d'un hectare de forêt, d'un grand jardin ou d'un vieux tas de débris derrière le garage ; le compost se démocratise et vous pouvez, vous aussi qui ne disposez que d'un balcon, faire votre compost à domicile, dans un petit composteur prévu à cet effet. Si la qualité du compost n'est pas satisfaisante, rassurez-vous, avec cette technique, vous contribuez à limiter la quantité des déchets dans nos poubelles toujours trop pleines.

LES TERREAUX ENRICHIS

Lorsque vous choisissez votre terreau, vérifiez sur l'emballage s'il contient déjà du compost ou de l'engrais naturel. Ces terreaux sont prêts à l'emploi et facilitent la bonne reprise des plantes en pots. Ils sont mélangés à la fabrication et s'en trouvent enrichis à la bonne dose. (Attention, ils ne conviennent pas pour les semis qui demandent un terreau sans engrais.) Les teneurs en nutriments des différents terreaux expliquent d'ailleurs souvent les écarts de prix avec les formulations bas de gamme, d'une qualité trop grossière pour espérer assurer la longévité de la moindre plante.
Dans la famille des amendements, si vous n'avez pas le temps de faire votre propre compost, il vous suffira de chercher dans le rayon terreau des jardineries pour trouver votre bonheur. Compost, fumier desséché, engrais enrichi… Tout existe pour satisfaire les besoins des plantes en pots.

▲ Composteur du jardin.

L'ARROSAGE

Aucune plante ne peut vivre sans eau. Et les plantes n'ont pas toutes les mêmes besoins d'une espèce à l'autre. L'eau est l'un des éléments indispensables à la vie de tous les végétaux, au même titre que le soleil et la terre.

Les besoins des plantes en eau

L'eau, c'est le début de la vie. C'est elle qui apporte l'humidité nécessaire à la germination de la graine. Ensuite, grâce à ses racines, la plante pompe l'eau et les éléments nutritifs contenus dans le substrat pour les véhiculer dans tous ses tissus. C'est encore par le biais de l'eau que la plante va évacuer ses déchets, sous forme de vapeur, par ses stomates.

Vous l'avez compris, l'eau est au cœur même de la croissance de tous vos végétaux. L'eau, c'est la vie !

▲ Arrosage avec le pommeau.

L'évaporation de l'eau

Processus bien connu, l'évaporation de l'eau est le passage de la phase liquide de la substance à sa phase gazeuse. Elle s'évapore, s'élève dans l'air et disparaît.

LES EMBOUTS D'ARROSAGE

Il existe de nombreux embouts d'arrosage. Privilégiez les pistolets ou les lances d'arrosage multijets. Ils sont simples d'installation, la prise en main est agréable et ils proposent trois jets différents : en pluie fine, façon brumisateur et jet concentré. Le débit peut être réglable en continu et la gâchette de blocage est ergonomique avec verrouillage d'un seul doigt.
Grâce aux multijets, vous pourrez assurer avec facilité l'arrosage adapté à chacune de vos plantes :

- en pluie fine pour les plantes délicates, aux tiges aériennes et aux multiples fleurs ;
- avec le jet concentré pour humidifier le terreau ou le paillage ;
- en brumisateur pour les plantes grasses et les agrumes, par exemple.

En utilisant la meilleure façon d'arroser chaque plante, la corvée devient un jeu tout en économisant le volume d'eau. L'investissement n'est pas très onéreux et en vaut la chandelle.

ARROSER LE SOIR OU LE MATIN ?

Pour éviter les erreurs et simplifier les choses, coupons l'année en deux périodes d'arrosage.

• La première période s'étalera de fin mai à fin septembre pour les régions aux hivers rigoureux, et de fin mars à fin octobre pour les régions aux climats doux. Pendant cette première période où les végétaux sont en plein développement et en pleine production, préférez arroser le soir. Vos végétaux profiteront ainsi au maximum de l'humidité et puiseront tous les éléments nutritifs dont ils ont besoin.

• La seconde période ira d'octobre à mi-mai pour les régions aux hivers rigoureux et de novembre à fin mars pour les régions aux hivers doux. Préférez alors faire vos apports d'eau plutôt le matin afin d'éviter le trop-plein d'eau à la tombée de la nuit. En cette période, les gelées peuvent avoir fait leur grand retour – ou jouer les prolongations – et vous prenez alors le risque de geler les racines de vos végétaux.

En ce qui concerne nos plantes, ce processus est provoqué par la chaleur ambiante et les rayons du soleil. Un végétal positionné près d'un radiateur en fonctionnement va manquer d'eau plus rapidement qu'un autre placé dans une pièce non chauffée exposée au nord. Sur votre balcon, un végétal exposé plein sud manquera régulièrement d'eau, alors qu'une plante installée à la mi-ombre gardera son substrat plus longtemps humide. Quelle est la différence entre ces situations ? L'action directe de la chaleur ambiante ou des rayons du soleil.

Le soleil n'est pas le seul responsable du dessèchement du terreau. Il ne faut pas oublier le vent. Si vos végétaux sont placés en plein vent, le substrat va sécher plus rapidement et vous devrez donc surveiller l'arrosage de façon régulière.

L'arrosage au fil des saisons

En fonction de la saison, l'arrosage doit être plus ou moins important.

▲ Vaporisation de godets.

Vos végétaux d'extérieur et d'intérieur traversent une période d'hivernage, dite aussi de dormance, pendant l'hiver, entre novembre et février. Et quand vos végétaux dorment, ils ont forcément moins de besoins... Mais cela ne veut pas dire qu'il faille les oublier totalement car, rappelez-vous, aucune plante ne peut vivre sans eau.

Pendant les mois d'hiver et pour avoir un repère simple, apportez de l'eau avec parcimonie, une fois par mois. Surélevez impérativement vos pots de façon que l'eau d'arrosage s'évacue par le trou de drainage et ne stagne pas dans le pot. Avec les gelées de l'hiver et de l'eau stagnante dans le pot, les racines pourraient se retrouver prises dans la glace et dépérir.

Le reste de l'année, votre végétal est en éveil. Tous ses besoins devront être assouvis. Ce sont les mois où il va se développer, grandir, produire des fleurs, des fruits. Et si vous voulez qu'il vous donne entière satisfaction, soyez aux petits soins pour lui.

DES PLANTES PEU GOURMANDES EN EAU

Les plantes peu gourmandes en eau sont familièrement appelées « plantes chameaux », en référence à l'animal qui stocke l'eau et se passe de boire pendant un laps de temps assez important. L'image est forte et, pour vos plantes, c'est un peu différent.

Il ne manque pas de plantes peu demandeuses en eau ; vous pourrez en installer au balcon. Pensez déjà aux méditerranéennes : lavande, thym, romarin, sarriette, laurier-sauce, sauge, laurier-rose... Mais vous avez aussi le buddléia (arbre aux papillons), le coréopsis, l'anthémis, les bulbes, qu'ils soient de printemps ou d'été, le céanothe, le laurier-tin, pour ne citer que quelques exemples.

Lors de vos achats, n'hésitez pas à demander conseil aux pépiniéristes et privilégiez cette catégorie de plantes. Elles sont variées, vous trouverez forcément votre bonheur en plus de passer moins de temps à l'arrosage.

Bien doser

Les végétaux sont comme les êtres humains : ils ont besoin d'eau pour vivre, mais tous n'ont pas les mêmes exigences en termes de quantité. Selon l'espèce, la plante se développera mieux dans une ambiance sèche, ou au contraire demandera des apports réguliers d'eau ou un substrat toujours humide.

Vous devez connaître les besoins de votre végétal. Ces données sont précisées sur l'étiquette qui accompagne la plante sur son lieu de vente. Soyez attentif, conservez l'étiquette ou notez sur un petit carnet dédié à vos plantes les besoins de chacune d'elles. Au fil du temps, vous finirez par connaître par cœur leurs attentes spécifiques.

Toutefois, un terreau « toujours humide » ne veut pas dire détrempé. Veillez à ne pas noyer votre plante.
Lorsqu'il s'agit de « laisser sécher le terreau entre deux arrosages », il n'est pas question de laisser passer 3 semaines entre deux apports d'eau. Quand le terreau est sec, on rajoute immédiatement de l'eau.

D'une façon générale, ne laissez jamais d'eau dans la soucoupe plus de quelques heures. En dehors des plantes aquatiques, très peu de végétaux supportent l'eau stagnante qui pourrait noyer ou simplement faire pourrir leurs racines.

Le paillage

Pour les plantes en pots, le paillage est efficace. Cette technique consiste à recouvrir le terreau d'un matériau minéral ou végétal. Elle permet de limiter les apports d'eau en gardant plus longtemps le substrat humide.

Toutefois, pour les plantes en pots, l'évaporation liée au soleil et au vent se fera d'une manière générale beaucoup plus rapidement que pour des plantes en pleine terre. Alors, malgré le paillage, n'oubliez pas de surveiller vos végétaux.

Il existe beaucoup de paillages différents, avec des qualités techniques distinctes et des aspects déco spécifiques.

Les très déco ? Le minéral, avec les billes d'argile, les galets, la roche volcanique (pouzzolane). Ces jolis paillages sont également efficaces car ils sont très couvrants et gardent bien l'humidité. Ils durent des années.

Au nombre des paillages végétaux, figurent le mulch et les coques de cacao, le chanvre, le lin, les écorces de peuplier, de pin et autres résineux. Pour une efficacité optimisée, épandez une couche d'au moins 7 cm d'épaisseur. Réservez les écorces de pin aux plantes dites de terre de bruyère, car le pin apporte de l'acidité dont seules ces plantes ont besoin pour se développer correctement.

▲ Paillage végétal.

ÉCONOMISER L'EAU

L'eau est le grand enjeu de notre époque. Pour vos végétaux et en appliquant certains principes simples, contribuez à économiser l'eau :

- préférez des plantes peu gourmandes en eau ;
- placez vos plantes sous la pluie autant que possible ; laissez des récipients se remplir avec l'eau du ciel ;
- l'été, installez plutôt à la mi-ombre les végétaux supportant le soleil pour réduire les apports d'eau ;
- paillez le dessus du terreau de vos pots pour limiter l'évaporation due au soleil ;
- utilisez un goutte-à-goutte ou des embouts en céramique pour diffuser l'eau en votre absence.

L'arrosage en votre absence

Il existe des systèmes de goutte-à-goutte très efficaces et simples de montage. Le principe est de faire venir l'eau jusqu'à vos plantes par le biais de petits tuyaux reliés à un programmateur sur une arrivée d'eau. Deux impératifs sont de mise : rassembler toutes les plantes dans un même coin de la terrasse afin de ne pas avoir des kilomètres de tuyaux à installer, et disposer d'une arrivée d'eau à proximité.

Vous trouverez aussi des embouts en céramique à visser sur une simple bouteille d'eau en plastique. Là, le principe est encore plus simple : remplissez la bouteille d'eau, vissez l'embout et plantez-le dans le terreau de votre bac. L'embout microperforé va diffuser petit à petit l'eau pour le plus grand bonheur de votre plante.

LES SOINS

Soigner une plante sous-entend déjà qu'elle est en mauvaise santé ou qu'elle a attrapé des parasites ou des maladies. Avant d'envisager les grands moyens, l'idéal serait qu'elle reste en pleine forme le plus longtemps possible !

Une plante en bonne santé

Pas besoin d'être jardinier pour comprendre que le meilleur remède contre les petits problèmes de santé, c'est encore la robustesse. La prévention et l'attention que nous porterons aux plantes de notre balcon seront les meilleures garanties contre les agressions extérieures.

Et la prévention, c'est encore le plus simple à gérer. Nous connaissons maintenant les besoins des plantes : un terreau de qualité, un arrosage suivi, une luminosité adaptée, un apport régulier de nourriture sous forme d'engrais ou de compost… Si la plante dispose de ces quatre éléments sans excès et de façon régulière, il y a toutes les chances de la voir prospérer sans avoir besoin de soins particuliers.

▲ Limace sur salade.

Voilà enfin dévoilé le secret de la main verte ! La bonne dose au bon moment, comprendre et apporter à la plante ce qu'il lui faut. Nul besoin de passer un bac botanique ni d'accumuler des années d'études pour appliquer ce principe. Un peu de bon sens et d'observation feront largement l'affaire.

Malheureusement, tout ne se passe pas toujours comme prévu, et le grain de sable arrive au moment où on l'attend le moins… Trois jours de vacances en plus, deux arrosages en moins, un apport d'engrais oublié pendant quelques semaines, une situation trop ombragée… En voilà plus qu'il n'en faut pour affaiblir notre plante et la rendre vulnérable aux insectes et maladies qui traînent dans les parages.

Petites bêtes ou taches suspectes

Plus de 80 % des agressions de nos plantes de balcon, toutes variétés confondues, sont le fait de bêtes ou de taches suspectes – c'est-à-dire les insectes ou les champignons microscopiques. Il y a bien de temps en temps quelques limaces, quelques araignées minuscules, quelques virus retors, mais dans l'ensemble, l'ennemi est connu, il a pour nom puceron, cochenille, otiorhynque, aleurode ou encore oïdium, taches noires, rouille… L'observation est capitale pour identifier le problème et pour y remédier.

- Si les feuilles sont collantes, il s'agit sans doute d'insectes qui sécrètent un miellat collant qui se dépose sur les feuilles et peut même se couvrir de fumagine, un champignon microscopique de couleur noire. Si les feuilles jaunissent, des insectes suceurs sont peut-être à l'œuvre. Si la feuille est rongée par endroits, le coupable ne doit pas être loin, même s'il est invisible. Observez attentivement toutes les parties de la plante, le tronc, les jeunes tiges et les feuilles : la bestiole est cachée par là. C'est le cas du puceron vert dont la couleur se confond avec le feuillage.

- Lorsque le feuillage se garnit progressivement de taches brunes, orange, blanchâtres, lorsqu'il se dessèche par endroits, il s'agit souvent de maladies cryptogamiques, ces fameux champignons microscopiques dont le mycélium viennent coloniser les tissus de la plante.

Vous voilà déjà prêt à reconnaître quelques problèmes ! Mais si le doute persiste, faites-vous aider par les professionnels en jardinerie, en pépinière, dans les fêtes des plantes, sur les forums Internet…

Les incidents de culture

Un feuillage en mauvaise santé et en train de sécher n'est pas toujours le signe d'une attaque en règle. Les éléments extérieurs, dont le jardinier fait partie, peuvent aussi contribuer à causer quelques tracas à nos plantes préférées.

Trop d'eau ou de l'eau en permanence dans la soucoupe, voici un premier incident de culture capable de ralentir la croissance et de faire jaunir le feuillage. Ce sont les mêmes symptômes pour un manque d'eau. Il faut un arrosage le plus régulier possible.

Le vent peut dessécher la terre ou brûler les parties aériennes du végétal. **Le froid** lui aussi peut frapper fort si les précautions n'ont pas été prises. Enfin, en fonction des espèces, **le soleil** trop puissant peut favoriser l'évaporation de l'eau du pot et brûler le feuillage, en particulier pour une plante d'ombre ou de mi-ombre, comme vous l'aviez deviné. Les pièges sont nombreux, mais en respectant les conseils du vendeur ou les indications portées sur les fiches des plantes, les éviter devient un jeu d'enfant.

Les auxiliaires

Nouveaux venus dans le jardin au naturel, les auxiliaires existent pourtant depuis longtemps. Nous les avions oubliés et les utilisations d'insecticides en tout genre avaient limité leur présence et leur action bénéfique pour le jardinier. L'auxiliaire est une simple petite bestiole qui va se nourrir des parasites de nos plantes.

▲ La coccinelle, un insecte auxiliaire.

C'est le cas des coccinelles capables de dévorer près de 100 pucerons par jour en fonction des circonstances. C'est aussi le cas des chrysopes, si discrètes mais ô combien efficaces : leurs petites larves adorent les cochenilles et les aleurodes, des ennemis pourtant difficiles à combattre.

Il en existe bien d'autres, tout aussi surprenants et voraces que les ennemis qu'ils combattent. Ils sont les amis des jardiniers et leur présence suffit à éloigner les problèmes récurrents. Ils sont évidemment fragiles et pas question d'utiliser de traitements chimiques ou naturels si vous avez fait le choix de les installer sur le balcon.

Les plantes peu sensibles

Depuis quelque temps, les points de vente jardin nous proposent des rosiers marqués du sigle ADR. Cette norme allemande garantit à la plante une résistance aux maladies reconnues qui évite ainsi les attaques de champignons microscopiques. Ce sont ces plantes solides et naturellement vigoureuses qu'il faut privilégier lors de votre choix.

Si ces rosiers portent une marque repérable de leur résistance, d'autres végétaux, tout aussi connus, sont insensibles aux attaques diverses. C'est le cas des plantes aromatiques, dont le parfum repousse les parasites comme les pucerons et qui sont, par nature, peu sensibles aux différentes maladies cryptogamiques.

Dans toutes les familles de plantes, il existe des sujets résistants pour qui les problèmes ne se posent presque pas. Vous en trouverez quelques-uns dans ce livre. En posant la question à un spécialiste lors de l'achat d'une plante, vous connaîtrez d'emblée le degré de résistance du sujet.

Les traitements naturels

Et si, malgré toutes vos précautions, il arrive qu'une plante donne des signes de fatigue, n'attendez pas le dernier moment pour intervenir. Vous disposez de quelques solutions issues de la nature pour venir à bout d'une partie de ces fléaux rencontrés ici ou là, au détour d'un balcon ou d'une terrasse.

Ces préparations sont généralement proposées dans le commerce, comme les différents purins, dont le plus célèbre reste le purin d'ortie, capable de renforcer avec vigueur les défenses de la plante. Le savon noir, quant à lui, assurera un nettoyage complet en cas d'attaque de pucerons. Les mélanges à base d'huile de colza sont parfaits contre les cochenilles.

Quelques insecticides naturels pourront faire l'affaire en cas d'invasions répétées mais, même s'ils sont d'origine naturelle, ces produits doivent être utilisés avec précaution et en respectant toujours les doses indiquées. Un avis éclairé de la part du vendeur pourra vous aider à faire le bon choix. Dans tous les cas, vous devez connaître avec précision la nature du problème avant d'appliquer une solution sur la plante.

Les trucs de jardinier

Il a plus d'un tour dans son sac, le jardinier, pour donner un coup de main à sa plante préférée. Les petites astuces qui suivent, parfois très simples et pleines de bon sens, vous permettront de venir à bout de situations souvent critiques.

• Les insectes ont l'habitude de se poster aux extrémités de la plante, là où le bois encore tendre est plus facile à perforer pour atteindre la sève. En cas d'invasion importante, vous pouvez tout simplement couper les extrémités du sujet pour vous débarrasser des parasites sans utiliser une goutte de produit. Pas de danger pour la plante, bien au contraire !

• Si les parasites persistent, pensez à installer quelques pots de plantes aromatiques à proximité pour limiter les dégâts. L'odeur des aromatiques incommode bon nombre d'indésirables qui préfèrent s'éloigner.

• Si les cochenilles sont là, isolez si possible le sujet atteint. Vous limiterez ainsi la contamination et vous n'utiliserez le traitement (naturel) que sur une seule plante.

• Passez en revue chaque jour les plantes du balcon pour observer attentivement l'évolution de vos protégées. Vous repérerez ainsi, avec l'habitude, la moindre attaque. Et vous pourrez réagir naturellement et manuellement. Plus le mal est géré rapidement, moins il se propage et fait de dégâts.

OUVREZ L'ŒIL !

Bien souvent, les soins à prodiguer aux plantes semblent une fatalité et apparaissent comme une source de frustration et de surcroît de travail aux yeux du jardinier inexpérimenté. La solution est pourtant simple, facile et pas chère. Elle passe par un peu de rigueur et de bon sens. Même sans connaissances particulières, en observant attentivement l'évolution des plantes sur le balcon, il est à la portée de tout débutant de gérer une feuille jaunie ou de retirer les premiers pucerons présents sur les branches. Avec une intervention rapide, plus besoin de produit. Vous stoppez la maladie ou le parasite avant une progression plus importante sur l'ensemble de la plante. Cette observation régulière vous permet aussi de mieux comprendre et d'adapter les besoins prioritaires comme l'eau, la protection contre le vent, le soleil ou le froid.

L'HIVERNAGE

Toutes les plantes vivaces qui ne sont pas installées dans des conditions de culture recréant leur environnement originel doivent être protégées. Une plante originaire du bassin méditerranéen ou, pire, exotique cultivée en Lorraine ne se trouve pas dans ses conditions originelles de culture et doit être protégée. On peut aussi trouver des exemples inverses...

Une plante résistante au froid

Il existe de nombreuses plantes que vous pourrez garder d'une année sur l'autre, et cela durant plusieurs années. Au balcon, il s'agit des arbustes, des conifères, des plantes fleuries vivaces, des graminées et de certaines plantes grimpantes non gélives.

Chaque plante a sa propre rusticité et toutes ne sont pas égales devant le thermomètre. Certaines vont supporter des baisses importantes de température, alors que d'autres gèleront bien avant le zéro. Donc, en fonction de votre emplacement géographique et de l'exposition de votre balcon, la notion de résistance est toute relative.

Pour simplifier les choses et pour se rapprocher au mieux de la réalité climatologique de nos régions, on partage souvent la France en deux. Les régions au nord de la Loire sont qualifiées de régions aux hivers rigoureux, tandis que les régions du sud de la Loire sont, elles, considérées comme bénéficiant d'hivers doux.

▲ Voile d'hivernage.

Prenons le symbole végétal du Midi, le laurier-rose. Cet arbuste solide et robuste y pousse en pleine terre. Par contre, si vous le cultivez au nord de la Loire à l'extérieur, dès – 5 °C, il mourra de froid. Pas de résistance au froid, et pas moyen de survivre à l'hiver… Soyez attentif à l'étiquette de la plante et renseignez-vous auprès des vendeurs lors de l'achat. Un accident de culture sera ainsi évité facilement.

Les courants d'air

Le vent est un ennemi farouche pour vos plantes peu rustiques. Certes, il faut se fier au thermomètre, car il donne des indications précises quant à la baisse des températures. Mais il faut aussi considérer la température ressentie. Pour les plantes comme pour les humains, il y a froid et froid. Par exemple, quand la météo annonce 2 °C, c'est une température sous abri, donc qui ne tient pas compte du vent. Et parfois, d'une température annoncée, on peut encore retirer quelques degrés ressentis à cause d'un vent glacial. Les 2 °C prévus passent alors allègrement à – 1 °C ressenti ! Ces quelques degrés en moins sont bien souvent capitaux pour la survie des plantes ; à 3 ou 4 °C près, certains végétaux passent de vie à trépas.

Prenez en compte la température ressentie, et protégez vos plantes peu rustiques des vents dominants.

Le voile d'hivernage

Le voile d'hivernage est un tissu microperforé laissant passer la lumière et l'eau du ciel. Ces deux éléments sont indispensables à la vie de vos plantes, même pendant leur repos hivernal. Ce voile permet de gagner 3 ou 4 °C, ceux-là mêmes qui auraient pu manquer à vos protégées pour rester en vie.

Alors, quand la météo annonce du gel avec un vent glacial, n'hésitez pas : emmitouflez la partie aérienne de vos plantes fragiles avec un voile d'hivernage. Et pour mettre toutes les chances de votre côté, faites plusieurs tours de voile. Avec le vent, vous ne serez jamais trop prudent !

Protéger le pot

La partie souterraine de la plante doit aussi impérativement être protégée. Si les racines venaient à geler, la plante ne survivrait pas non plus : sans son système racinaire, elle ne peut pas se nourrir et boire.

Paillez le dessus du terreau avec de la paille, de la paillette de lin, de la paillette de chanvre ou encore des feuilles. Enroulez votre pot dans du plastique à bulles, de la toile de jute ou tout autre matériau isolant. Là encore, n'hésitez pas à faire plusieurs tours.

Les gelées printanières

Au printemps, soyez vigilant. Après les longs mois d'hiver, on trépigne d'envie de remettre en place son balcon, mais attention, il serait dommage de perdre tous vos végétaux par excès de précipitation. Les gelées de printemps sont redoutables et peuvent anéantir tous les bons soins apportés durant les mois d'hiver.

Dans les régions aux hivers rigoureux, laissez passer les saints de glace (11, 12 et 13 mai) et surveillez la météo. Une petite gelée blanche est vite arrivée.

Dans les régions aux hivers doux, avril devrait être le bon mois. Même si le dicton dit qu'il ne faut pas se découvrir d'un fil !

LES PLANTES DE VOTRE BALCON

Le choix des plantes ? C'est comme on aime, car il y en a de toutes sortes, pour toutes les expositions et pour tous les goûts. Vous allez forcément trouver votre bonheur ! Ces êtres vivants ont tous des besoins différents. Ce petit traité vous aidera à choisir en déclinant tout ce que vous devez savoir avec des mots simples, des idées originales, des trucs et astuces naturels.

▲ Agapanthe 'Double diamond'.

AGAPANTHE

Avec sa beauté aérienne et graphique, l'agapanthe apporte une note d'originalité à toutes les terrasses. Attention, c'est une beauté majestueuse qui frissonne au moindre gel !

❖ Du graphisme à domicile

Cette jolie plante est vivace et développe des rhizomes, ces tiges souterraines qui poussent de façon horizontale et plutôt en surface. C'est un système racinaire bien particulier, mais qui se cultive aussi bien que les racines classiques des autres plantes vivaces.

L'agapanthe offre une touffe de feuilles longues et plutôt fines, de vert clair lumineux à vert soutenu. Le feuillage est caduc et se renouvelle chaque année au printemps. Les hampes florales peuvent mesurer de 30 cm à 1,50 m de haut selon les variétés.

La fleur s'épanouit en ombrelle aérée de 15 à 20 cm de diamètre, mais vous n'aurez le choix qu'entre deux coloris : le bleu avec différentes nuances ou le blanc. La floraison a lieu de fin mai à fin septembre début octobre.

L'agapanthe est originaire d'Afrique du Sud, et par conséquent elle a beaucoup de mal à supporter les gelées. Certaines variétés gèlent dès -3 °C, alors réservez à votre plante une belle place au soleil. Dans les régions à climat doux, on peut laisser le pot dehors à l'abri des vents froids. Dans les régions aux climats hivernaux rigoureux, la plante est impérativement cultivée en pot et hivernée.

Son nom signifie « fleur de l'amour », et il est certain que vous tomberez sous son charme. Les hampes florales forment de magnifiques bouquets de fleurs coupées ou bouquets secs.

❖ Choisir une agapanthe

Les agapanthes sont vendues en pots avec leur motte. On les trouve dans les rayons jardin pratiquement toute la saison, mais il est préférable de les installer au printemps afin d'éviter les gelées hivernales en première année de plantation.

Le choix de votre agapanthe peut se faire sur différents critères. La taille de la hampe florale : petite (au moins 30 cm) ou plus grande (jusqu'à 1,50 m) ? La couleur des fleurs : du bleu ou du blanc ?

Si vous résidez dans une région aux hivers froids, prévoyez une pièce d'hivernage hors gel, ne descendant pas en dessous de 10 °C, et lumineuse. Si vous ne pouvez pas remplir ses conditions et en cas d'hiver rigoureux, il faudra considérer votre agapanthe comme une plante annuelle et la remplacer chaque année… Ce qui est dommage, car la plante, qui est assez lente de développement et aime à rester en place, s'étoffe d'année en année en offrant des floraisons de plus en plus importantes.

❖ Comment planter l'agapanthe ?

Les agapanthes s'adaptent facilement à une culture en pot. Dès l'installation choisissez un pot profond, d'au moins 50 cm de hauteur pour les variétés à grand développement, et 30 cm pour les plus petites variétés.

Prévoyez un bon terreau bien drainant, des billes d'argile et du feutre de jardin. Disposez une épaisseur de billes d'argile correspondant au dixième de la hauteur du bac, puis couvrez-la de feutre de jardin pour éviter l'écoulement du terreau lors des arrosages. Remplissez votre bac de terreau aux trois quarts de sa hauteur. Une fois cette opération effectuée, retirez la plante du pot en plastique puis, à l'aide d'une griffe, grattez les racines de la motte pour les aérer et les aider à bien s'installer. Placez la motte au centre du bac ; le dessus doit se trouver 2 ou 3 cm sous le rebord du bac. Ajustez en conséquence en rajoutant ou retirant du terreau sous la motte. Comblez ensuite les espaces vides sur les côtés avec du terreau. Tassez et arrosez copieusement. Votre végétal est une plante peu rustique qui aime les situations chaudes et ensoleillées. Évitez l'eau stagnante et pensez à vider la soucoupe.

TRUCS & ASTUCES

- Prévoyez un pot assez important dès l'installation de l'agapanthe de façon à la laisser en place plusieurs années.
- Pour avoir de belles fleurs, placez l'agapanthe en plein soleil et pleine chaleur, à l'abri des vents.
- Lorsque des fleurs sont fanées, coupez les hampes florales au ras du pied mère pour ne pas épuiser la plante inutilement.
- S'il gèle dans votre région, il est recommandé de rentrer vos plantes dans une pièce fraîche, lumineuse et hors gel.
- Si les hivers sont doux dans votre région, coupez le feuillage avant les premières petites gelées et recouvrez le pied mère d'un épais paillage de feuilles séchées, de paillettes de lin ou de chanvre.

▲ Agapanthe 'Storm cloud'.

❖ Le suivi pendant la saison

Pensez à arroser régulièrement, laissez sécher le terreau entre deux apports d'eau, et ne transigez surtout pas sur le fait d'éliminer systématiquement l'eau stagnante de la soucoupe.

Afin d'améliorer la floraison, vous pouvez apporter un engrais organique en granulés au printemps, à partir d'avril, qui aidera l'agapanthe à former ses fleurs majestueuses. Suivez bien les doses prescrites par le fabricant : trop d'engrais pourrait nuire à la plante au point de la faire dépérir.

Dans les régions aux hivers rigoureux, dès octobre, rentrez votre plante au frais, entre 5 et 8 °C, dans un endroit assez lumineux et sans courants d'air, l'idéal étant une véranda peu chauffée. Si la température devait passer sous la barre du zéro, protégez votre agapanthe avec un voile d'hivernage et une bâche à bulle, car c'est à ce stade que des dégâts irréparables pourraient survenir. Le voile d'hivernage permet de gagner 3 à 4 °C et la bâche à bulle autour du contenant protège les racines.

L'agapanthe est une plante vivace : les parties aériennes fanent pendant la saison froide pour renaître au printemps. Au printemps, taillez la plante en coupant les feuilles jaunies et fanées pour faire place nette pour les nouvelles.

Après cette taille printanière, procédez à un surfaçage en retirant la première couche de terreau et en la remplaçant par du terreau neuf.

▲ Agapanthe 'Black is black'.

CALENDRIER DE CULTURE

Printemps > Achetez votre agapanthe et prévoyez son contenant, le terreau, les billes d'argile et le feutre.

Octobre > Dans les régions aux hivers rigoureux, rentrez votre végétal en véranda.

Novembre > Arrosages réduits.

Décembre > Arrosages réduits. Attention à ne pas passer sous 0 °C.

Mars > Effectuez un nettoyage en coupant les feuilles fanées.

Avril > Un surfaçage s'impose.

Mai > Placez en plein soleil à l'abri des vents, arrosez, apportez de l'engrais.

Juin > Profitez du spectacle.

Juillet > Arrosez, apportez de l'engrais, profitez.

Août > Arrosez et continuez à profiter.

❖ Quelques variétés sympas

Du côté des agapanthes à fleurs bleues

- *Agapanthus* 'Donau' : 1 m de haut.
- *Agapanthus* 'Cobalt blue' : 60 cm de haut.
- *Agapanthus* 'Peter Pan', bleue lavande : 40 cm de haut.

Du côté des agapanthes à fleurs blanches

- *Agapanthus* 'Alba' : 1 m de haut.
- *Agapanthus* 'Polar ice' : 80 cm de haut.
- *Agapanthus* 'Snowball' : 50 cm de haut.

▲ *Citrus reticulata.*

AGRUMES

Citrons, oranges, pamplemousses ou encore clémentines sont les agrumes que nous consommons régulièrement. Pourquoi ne pas les installer au balcon ? Parce qu'en plus, ils sont beaux et ils sentent bon… Ils ont tout pour plaire !

❖ Du beau et du bon sur le balcon

Agrume vient du latin *acrumen* qui veut dire tout simplement « substance de saveur aigre ». C'est indéniable, on aime leur saveur ! Les agrumes sont originaires d'Asie du Sud-Est. Leur succès est dû bien sûr à leurs fruits, mais aussi à leur parfum. Grâce à des glandes, ce sont toutes les parties de la plante qui diffusent leurs essences : écorce, feuilles, branches, fleurs, fruits.

Bien entendu, compte tenu de leur origine, la culture en pleine terre des agrumes n'est possible chez nous que sur la Côte d'Azur, en Roussillon et en Corse. Mais en bac, on peut les adopter dans tout l'Hexagone pour le plus grand plaisir de tous.

De façon générale, la floraison a lieu de mars à juillet, selon l'espèce. Les fleurs sont rose pâle ou blanches, et toujours délicieusement parfumées. Les fruits, eux, apparaissent de novembre à mars… normalement ! Bien sûr en pot, la récolte abondante n'est pas très abondante. Comme l'arbuste ne peut pas développer ses racines de façon importante puisqu'elles sont contenues dans un volume restreint, la fructification s'en ressent nécessairement. Mais avoir cette plante au feuillage persistant, avec une telle beauté, un parfum envoûtant et de temps en temps quelques fruits, c'est déjà un réel bonheur.

Faites-lui une belle petite place, à votre agrume, au soleil, à l'abri du vent et des embruns.

❖ Choisir un agrume

Les agrumes sont vendus en pots avec leur motte. On les trouve dans les rayons jardin pratiquement tout au long de l'année, mais plus souvent au printemps.

Le choix sera fonction de vos penchants pour l'espèce. Vous préférez les citrons aux oranges ? Peut-être un mandarinier, ou encore un pamplemoussier (pomélo) ?

Dans les régions aux hivers vifs, au nord de la Loire, et si vous voulez absolument de belles récoltes d'agrumes, préférez le kumquat. Ce petit arbuste fructifie plus facilement que l'oranger et le citronnier et vous pourrez déguster ses jolis fruits (avec leur peau) dès le mois de janvier.

Tous les agrumes sont parfumés, et avoir un arbuste d'une telle classe est un plus incontestable au balcon.

❖ Comment planter les agrumes ?

Les agrumes s'adaptent facilement à une culture en bac. Choisissez un pot profond, de 40 à 50 cm de hauteur au moins.

Prévoyez un bon terreau bien drainant, des billes d'argile et du feutre de jardin. Disposez une épaisseur de billes d'argile correspondant au dixième de la hauteur du bac, puis couvrez-la de feutre de jardin pour éviter l'écoulement du terreau lors des arrosages. Remplissez votre bac de terreau aux trois quarts de sa hauteur. Une fois cette opération effectuée, retirez la plante du pot en plastique puis, à l'aide d'une griffe, grattez les racines de la motte pour les aérer et les aider à bien s'installer. Placez la motte au centre du bac ; le dessus doit se trouver 2 ou 3 cm sous le rebord du bac. Ajustez en conséquence en rajoutant ou retirant du terreau sous la motte. Comblez ensuite les espaces vides sur les côtés avec du terreau. Tassez et arrosez copieusement. Votre végétal est une plante du Midi, qui aime les situations chaudes et ensoleillées. Évitez l'eau stagnante et pensez à vider la soucoupe.

▲ Clémentine 'Darcy'.

❖ Le suivi pendant la saison

Pensez à arroser régulièrement, car le terreau ne doit jamais être totalement sec, et ne transigez surtout pas sur

TRUCS & ASTUCES

- Pour favoriser la pollinisation des fleurs, placez à proximité de votre agrume des plantes mellifères. Ces dernières attirent les abeilles : lavande, thym, romarin, sarriette…
- Les agrumes sont sensibles aux pucerons qui transmettent certains virus. Pour éloigner les indésirables, les plantes aux odeurs fortes sont recommandées. Là aussi, la lavande est intéressante, mais également le basilic et les œillets d'Inde.
- Pour éradiquer les cochenilles suceuses de sève, utilisez des huiles naturelles spécialement conçues contre ces parasites.
- Plantez les agrumes en isolé dans leur bac : ces plantes n'aiment pas tellement la concurrence.

le fait d'éliminer systématiquement l'eau stagnante de la soucoupe. Votre agrume est un fruitier et il est fait pour fructifier. Même si les récoltes ne seront jamais aussi abondantes que sur un sujet planté en pleine terre, apportez-lui un engrais spécial agrumes, qui l'aidera à former ses fruits. Suivez bien les doses prescrites par le fabricant, trop d'engrais pourrait nuire à la plante au point de la faire dépérir.

Dans les régions aux hivers rigoureux, dès octobre, rentrez votre plante au frais, entre 5 et 8 °C, dans un endroit assez lumineux et sans courants d'air, l'idéal étant une véranda peu chauffée. Si la température devait passer sous la barre du zéro, protégez votre agrume avec un voile d'hivernage, pour éviter des dégâts irréparables. Le voile d'hivernage permet de gagner 3 ou 4 °C. Au printemps, effectuez une taille légère en respectant la forme de l'arbuste et en coupant les rameaux morts ou cassés. Le citronnier a tendance à produire de grandes tiges qu'il faut maîtriser.

Après cette taille printanière, faites un surfaçage en retirant la première couche de terreau et en la remplaçant par du terreau neuf.

❖ Quelques variétés sympas

- **Citronnier** 'Lisbon' : vigoureux.
- **Kumquat** (*Fortunella japonica*) : c'est l'espèce type, la seule cultivée.
- **Mandarinier** 'Satsuma Owari' : sans pépins.
- **Oranger** 'Navelina' : précoce.
- **Pamplemoussier-pomélo** 'Blond' : chair jaune.

CALENDRIER DE CULTURE

Printemps ou automne > Achetez votre arbuste et prévoyez son contenant, le terreau, les billes d'argile et le feutre.

Octobre > Dans les régions aux hivers rigoureux, rentrez votre végétal en véranda.

Novembre > Arrosages réduits. Quelques fruits ?

Décembre > Arrosages réduits. Attention à ne pas passer sous 0 °C.

Mars > Une petite récolte ? Effectuez une taille légère.

Avril > Un surfaçage s'impose.

Mai > Arrosez, apportez de l'engrais.

Juin > Profitez du spectacle et du parfum.

Juillet > Arrosez, apportez de l'engrais, profitez.

Août > Arrosez, profitez toujours.

▲ *Citrus limon* 'Meyer'.

FOCUS SUR LE CITRONNIER

Description

Le citronnier est un petit arbre fruitier qui peut mesurer jusqu'à 5 m de haut, mais la culture en pot conditionne son développement, alors comptez plutôt sur une hauteur maximale de 3 m. Il peut vivre environ 80 ans. Son feuillage est persistant avec des feuilles oblongues lancéolées. Ses fleurs ont des pétales blanc violacé dont le parfum floral est un petit bonheur à lui seul. Selon la variété, les branches développeront des épines ou pas. Ces fruits, les citrons, sont oblongs, plus ou moins pointus, de couleur verte allant jusqu'au jaune pour le citron à maturité. La pulpe du fruit est acide et son écorce épaisse contient une essence à forte odeur. Le fruit est riche en vitamine C.

Technique culturale

Préférez installer votre citronnier au printemps après les fortes gelées. Choisissez un endroit abrité du vent et ensoleillé. Prenez un contenant d'au moins trois fois la hauteur et la largeur de la motte de la plante et procédez à la plantation comme indiqué dans le paragraphe page 46.

S'il gèle dans votre région, prévoyez un hivernage d'octobre à mai, sinon optez pour un voile d'hivernage. Un rempotage sera nécessaire tous les 3 ans au printemps, dans un contenant plus grand d'une seule taille que le précédent et avec un terreau neuf. Lorsque la plante ne pourra plus être manipulée car trop imposante, tous les ans, procédez à un surfaçage en retirant un maximum d'ancien terreau pour du terreau neuf.

Trucs & astuces

Le citronnier a le gros avantage de fleurir toute l'année et donc de pouvoir donner des fruits toute l'année. En pot, apportez-lui un engrais naturel spécial fruitiers. Pour que les fleurs soient pollinisées par les insectes pollinisateurs afin de donner des fruits, un séjour à l'extérieur de mai à septembre est obligatoire.

FOCUS SUR LE KUMQUAT

Description

Le kumquat est un petit arbuste à croissance lente, mais qui peut à terme mesurer 4 m de haut. En pot, sa hauteur avoisinera plutôt les 2 m maximum, celle-ci étant déterminée par la taille du contenant. Son feuillage vert foncé brillant est persistant et ses branches portent de petites épines. Ses fleurs d'un blanc pur, semblables aux autres fleurs d'agrumes, apparaissant tout au long de l'année, la fructification peut avoir lieu, elle aussi, toute l'année. Le kumquat – c'est aussi le nom du fruit –, peut être rond ou ovale de 2 à 5 cm de long. Sa peau jaune-orange assez épaisse est comestible et sa chair acidulée. Le fruit est riche en vitamine C.

Technique culturale

Préférez installer votre kumquat au printemps après les fortes gelées. Choisissez un endroit abrité du vent et ensoleillé. Prenez un contenant d'au moins trois fois la hauteur et la largeur de la motte de la plante et procédez à la plantation comme indiqué dans le paragraphe page 46.

Contrairement à bon nombre d'agrumes, le kumquat est relativement rustique puisqu'il peut supporter une température jusqu'à – 10 °C. Selon vos hivers, la plante devra être hivernée ou protégée du froid à l'aide d'un voile d'hivernage. Un rempotage sera nécessaire tous les 4 ans au printemps, dans un contenant plus grand d'une seule taille que le précédent et avec un terreau neuf. Lorsque la plante ne pourra plus être manipulée car trop imposante, tous les ans, procédez à un surfaçage en retirant un maximum d'ancien terreau pour du terreau neuf.

Trucs & astuces

Le fruit assez tendre peut être consommé frais avec la peau. Il fait également de très bonnes confitures et des chutneys. Pour que les fleurs de votre kumquat soient pollinisées par les insectes pollinisateurs afin de donner des fruits, un séjour à l'extérieur de mai à septembre est obligatoire.

FOCUS SUR LE MANDARINIER

Description

C'est un petit arbre qui peut mesurer jusqu'à 6 m de haut, mais en pot, son développement sera contenu jusqu'à 4 m environ. Son feuillage vert foncé est brillant. Originaire d'Asie du Sud-Est, on ne le connaît en Europe que depuis le début du XIXe siècle. Le genre comprend plus de 15 espèces différentes. La floraison blanche a lieu de mars à avril. Le fruit sphérique et aplati mesure entre 5 et 8 cm de diamètre. La chair sucrée et parfumée de la mandarine est l'une des moins acides de la famille des agrumes, par contre elle a de nombreux pépins. Son écorce est fine, de couleur rouge-orangé. Le fruit est riche en vitamine C.

Technique culturale

Au printemps, installez le mandarinier dans une terre riche légère et bien drainante. Il a besoin d'un ensoleillement d'au moins 4 heures par jour, d'un arrosage important d'avril à septembre mais sans eau stagnante. Le mandarinier aime la chaleur pendant la belle saison, mais apprécie une différence de température entre le jour et la nuit. C'est une plante gourmande ; apportez-lui un engrais spécial agrumes une fois par mois d'avril à août.

Le mandarinier est relativement rustique puisqu'il peut supporter une température jusqu'à – 9 °C. Selon vos hivers, la plante devra être hivernée ou protégée du froid à l'aide de voile d'hivernage. Un rempotage sera nécessaire tous les 4 ans au printemps dans un contenant plus grand d'une seule taille plus grande que le précédent, avec un terreau neuf. Lorsque la plante ne pourra plus être manipulée car trop imposante, tous les ans, procédez à un surfaçage en retirant un maximum d'ancien terreau pour du terreau neuf.

Trucs & astuces

Les mandarines se récoltent en hiver, d'octobre à fin mars selon les variétés, lorsque les fruits sont lourds et d'une couleur orange luisant. Consommées fraîches, les mandarines se conservent facilement. Elles peuvent être transformées en marmelade ou en chutney pour accompagner les viandes blanches, par exemple. Un séjour à l'extérieur de mai à septembre est conseillé pour la pollinisation et la mise à fruits.

FOCUS SUR L'ORANGER

Description

L'oranger est un arbuste pouvant atteindre 8 à 10 m de haut, avec des branches épineuses et des feuilles persistantes, longues de 4 à 10 cm, ovales, pointues, vernissées et vert foncé. Originaire d'Asie du Sud-Est, c'est probablement un croisement entre le pamplemousse et la mandarine, et c'est le quatrième fruit le plus cultivé au monde. Le fruit de *Citrus sinensis* est appelé « orange douce » pour le distinguer de l'orange amère, fruit de *Citrus aurantium*, le bigaradier. Les fleurs blanches à 5 pétales fleurissent de mars à juillet. Autofertile, l'oranger n'a pas besoin d'un autre arbre pour être pollinisé et donner des fruits dès la première année.

Technique culturale

Selon les variétés, l'oranger supporte plus ou moins des températures négatives. Pour certaines le 0 °C sera la limite, alors que pour d'autres -15 °C sera accepté, mais c'est la température ressentie qu'il faut prendre en compte. L'oranger pousse très bien dans un pot assez grand. Un rempotage est bénéfique tous les 2 ans pour changer le terreau. L'arrosage est important surtout pendant la floraison. L'apport d'engrais naturel est conseillé également à cette période. Taillez lorsque l'arbuste est en fleurs, juste au-dessus des bouquets, pour que la sève se concentre sur la fructification. Quand les fruits apparaissent, coupez les tiges vertes et les feuilles au-dessus des fruits afin que ceux-ci grossissent et ne tombent pas. La récolte des oranges peut s'étaler sur 2 mois pour une variété, et sur plus de la moitié de l'année pour l'ensemble des variétés existantes.

Trucs & astuces

Les agrumes sont des fruits qui, une fois cueillis, ne mûrissent plus. Pour récolter les oranges au bon moment, entre novembre et avril, le meilleur moyen est de les goûter régulièrement. Après la formation des fruits, le goût continue à évoluer en fonction des variétés. Lors de la récolte, utilisez de préférence une paire de ciseaux pour garder une partie du pédoncule, ce qui favorise la conservation des fruits.

FOCUS SUR LE POMÉLO (APPELÉ AUSSI PAMPLEMOUSSIER)

Description

Citrus x *paradisi* ou pomélo est un arbre fruitier haut de 3 à 6 m et pouvant résister au froid jusqu'à – 7 °C. Il est issu d'un croisement naturel entre le pamplemoussier et l'oranger. Il présente un port arrondi et bien régulier. Ses feuilles sont persistantes, luisantes, ovales et vertes. Ses petites fleurs blanches parfumées sont présentes du mois d'avril au mois d'octobre. La floraison en petites grappes est très décorative. Les fruits se développent eux aussi en grappes, raison pour laquelle on les appelle *grapefruit* en anglais. Selon les variétés et les conditions climatiques, la récolte s'échelonne entre le mois de novembre et mars-avril. Le fruit à l'écorce mince de couleur jaune ou rose est une baie comestible à la chair légèrement sucrée, sans pépins et très juteuse. Les fruits doivent être récoltés bien mûrs. Le pomélo contient autant de vitamine C qu'une orange mais deux fois moins de sucre.

Technique culturale

Le pomélo est essentiellement cultivé autour du bassin méditerranéen car il est moyennement rustique. Il aime les sols humifères, sablonneux et surtout bien drainés. Préférez un terreau spécial agrumes et apportez un engrais spécial agrumes du mois d'avril au mois d'octobre. Suivez bien l'arrosage. Placez l'arbre en situation ensoleillée et surtout abritée du vent. La meilleure période de plantation est mars-avril, et n'oubliez pas d'installer un tuteur pour soutenir l'arbuste et aider à son bon enracinement. Un rempotage est préconisé tous les 3 ans, entre mars et septembre. Quand le pot ne pourra plus être manipulé, optez pour un surfaçage annuel. Pendant l'hiver, placez-le hors gel, à une température entre 8 et 10 °C.

Trucs & astuces

Le pomélo (fruit) se garde bien à température ambiante. Pour le consommer, pelez-le à vif. Si vous désirez le conserver au réfrigérateur dans le bac à légumes, pelez-le grossièrement puis placez-le ainsi dénudé : la peau durcit sous l'action du froid, et elle est alors plus facile à retirer.

ANTHÉMIS

▲ *Anthemis* 'Madeira Deep Pink'.

Connaître son balcon, c'est important ! Il n'a plus de secrets pour vous mais, pour installer vos plantes, il va falloir être précis, en choisissant un végétal parfaitement adapté à la situation.

❖ Jolies fleurs de pâquerettes

L'anthémis (*Anthemis frutescens*) est une superbe vivace originaire des îles Canaries. Elle n'est pas vraiment rustique et gèle dès -2 °C. C'est ce que l'on appelle une plante vivace non rustique et, dans les régions aux hivers très rigoureux, si vous n'avez pas d'endroit hors gel pour l'abriter, il est préférable de la considérer comme une plante annuelle en la remplaçant chaque année.

Il existe aujourd'hui plusieurs variétés d'anthémis, qui peuvent atteindre de 60 cm à 1 m de hauteur. La floraison est très abondante et donne de très jolies fleurs rappelant celles de la marguerite, même si le genre est classé dans les chrysanthèmes. Les fleurs s'épanouissent de mai jusqu'aux premières gelées. Elles peuvent être jaunes ou blanches, mais aussi plus rarement roses, de forme simple ou double, en pompon, petites ou grandes. Tout cela varie selon la variété choisie.

Faites une jolie place au balcon à l'anthémis, en la plaçant dans un endroit bien ensoleillé et bien en vue pour en profiter durant toute la belle saison.

❖ Choisir une anthémis

Vous trouverez cette plante au début du printemps dans les rayons jardin, juste au bon moment pour l'installer au balcon et en profiter rapidement. Évitez de la mettre en place si les gelées sont encore à craindre.

Prenez l'habitude de guetter la météo, et quand les nuits passent en positif, installez votre anthémis sans plus attendre.

Pour faire votre choix ? La taille et la couleur des fleurs sont des critères essentiels pour aménager votre balcon et satisfaire vos goûts. Il existe aussi des anthémis sur tige, qui sont du plus bel effet. La plante présente alors un petit « tronc » et, à son sommet, une boule végétale d'une multitude de fleurs. Cette variété apportera une jolie structure et une touche très déco au balcon.

❖ Comment planter l'anthémis ?

Préférez installer vos anthémis en vasques ou en potées plutôt qu'en balconnières. Les balconnières ne sont pas assez profondes, et il faut à cette plante une profondeur de terre d'au moins 40 cm pour que les conditions de culture soient optimales.

Remplissez vos contenants d'un terreau pour plantes fleuries. Creusez un trou de la taille du conteneur de l'anthémis. Retirez le pot en plastique et, à l'aide d'une griffe manuelle, grattez les racines de la motte pour les aérer et les aider à bien s'installer. Placez votre anthémis dans le trou, en veillant à ce que le dessus de la motte de terre se trouve au niveau de la surface du terreau. Arrosez.

La plante préfère les situations ensoleillées pour assurer sa floraison. Si vous avez choisi un sujet sur tige, ne l'installez pas en situation trop ventée, sinon, attachez-le à un petit tuteur pour le maintenir bien droit.

❖ Le suivi pendant la saison

Pensez à arroser vos potées régulièrement, en laissant sécher le terreau entre deux apports d'eau. Retirez impérativement l'eau stagnante de la soucoupe.

Placez vos potées en situation chaude et ensoleillée pour une floraison généreuse de mai jusqu'aux premières gelées automnales. Retirez au fur et à mesure les fleurs séchées pour assurer la poursuite de la floraison.

Il faut nourrir votre anthémis qui est très gourmande. Apportez-lui régulièrement un engrais biologique spécial fleurs, pendant toute sa floraison. Suivez bien les doses prescrites par le fabricant. Le manque d'engrais peut la faire végéter, mais

TRUCS & ASTUCES

- Pour favoriser une floraison permanente, installez votre végétal en plein soleil. L'anthémis supporte très bien la mi-ombre, mais la floraison sera moins abondante.
- Les pucerons sont des insectes ravageurs à combattre. Placez des œillets d'Inde ou du basilic à proximité de vos anthémis. L'odeur de ces deux petites plantes fera fuir ces suceurs de sève, ou du moins limitera leur venue. La sève, c'est le « sang » de la plante et, sans cette substance, la plante ne peut pas vivre.

▲ *Anthemis* 'Madeira Crested Violet'.

▲ Anthémis 'Pink'.

trop d'engrais peut l'endommager définitivement.

Dans les régions aux hivers doux, votre végétal pourra rester sur le balcon à condition d'être protégé en cas de petites gelées. En octobre, quand toutes les fleurs seront fanées, taillez votre anthémis pour lui redonner une forme arrondie et compacte. La taille se pratique au-dessus d'une jeune pousse. Pendant l'hiver, réduisez les apports d'eau car, en cas de gel, vous prenez le risque de brûler les racines. Dès le retour du printemps, faites un surfaçage en retirant la première couche de terreau et en la remplaçant par du terreau neuf.

Dans les régions aux hivers froids, mettez votre plante au compost si vous ne pouvez pas conserver votre anthémis dans une pièce fraîche, lumineuse et hors gel.

CALENDRIER DE CULTURE

Mars > Achetez les anthémis de votre choix, transplantez-les dans leur contenant avec un bon terreau enrichi. Attendez la fin des gelées printanières pour les installer au balcon, en plein soleil.

Avril > Profitez du feuillage, arrosez mais sans laisser d'eau stagnante dans la soucoupe.

Mai > Profitez des premières fleurs, arrosez. N'hésitez pas à placer à proximité des œillets d'Inde ou du basilic pour faire fuir les pucerons.

Juin > Retirez les fleurs fanées, apportez de l'engrais, arrosez en laissant sécher le terreau entre deux apports d'eau.

Juillet > Profitez du spectacle, arrosez.

Août > Retirez les fleurs fanées, suivez l'arrosage.

Septembre > Un petit nettoyage de retour de congés. Arrosez, retirez les feuilles et fleurs mortes.

Octobre > Réduisez les arrosages. Dans les régions au climat doux, quand tout est défleuri, coupez à ras toutes les feuilles et les fleurs, juste au-dessus d'une nouvelle pousse.

Novembre > Dans les régions aux hivers doux, placez vos potées en situation abritée du vent et du gel. Dans les régions aux hivers froids, jetez le végétal au compost.

❖ Quelques variétés sympas

Les anthémis peuvent offrir des coloris de fleurs assez variés.

- **Jaune** : 'Jamaica Primrose', d'un jaune très vif.
- **Blanc** : 'Flore Pleno', aux très belles fleurs doubles.
- **Rose** : 'Vancouver', particulièrement original.

Il existe également l'anthémis des teinturiers (*Anthemis tinctoria*) aux fleurs jaune doré. Comme son nom le laisse supposer, on extrayait autrefois de cette plante une teinture jaune. On la trouve aussi sous le nom de camomille des teinturiers.

▲ *Phyllostachys nigra.*

BAMBOU

Je suis la plante qui détient le record de vitesse de croissance, les pandas m'adorent, j'ai résisté à la bombe d'Hiroshima, on me retrouve dans la construction mais aussi dans l'assiette. Je suis... je suis... Top ! Le bambou, bonne réponse.

❖ Bon, le bambou

Le bambou est une plante vivace de la famille des Graminées, originaire d'Asie. Selon l'espèce, cette herbe peut atteindre de 80 cm, pour le bambou nain ou tapissant, à plus de 30 m de haut pour les très grands spécimens. En pleine terre, certaines espèces peuvent devenir vraiment spectaculaires en poussant de près de 1 m par jour. Quand il est cultivé en bac, sa croissance est forcément limitée.

Le bambou, on l'adore pour son côté très déco. Son feuillage donne une touche d'exotisme indéniable, surtout quand les feuilles se balancent au gré du vent. Le feuillage peut être vert ou panaché de blanc ou de jaune, il est persistant pour les bambous rustiques. Les tiges aussi sont un élément déterminant ; « tiges » n'est pas le bon terme, il faut utiliser celui de « chaumes ». Les chaumes des *Phyllostachys* sont intéressantes, car leurs couleurs sont variées : vert, noir, jaune, tacheté, rayé...

Vous trouverez toujours le bambou de votre choix.

Le « bois » du bambou est très dur et résistant ; on l'utilise beaucoup pour les constructions. Et, grâce à son réseau racinaire dense, le bambou limite l'érosion des sols en plus de restaurer les terrains appauvris.

Il existe des bambous traçants aux racines envahissantes et des bambous cespiteux qui forment des bouquets (un peu moins rustiques). Sur votre balcon, optez pour le bambou de vos rêves, même s'il est de type traçant, car sa propagation se limitera au contenant. Selon votre région, vous le choisirez plus ou moins résistant au gel et surtout vous veillerez à l'abriter du vent.

❖ Choisir un bambou

Les bambous sont vendus en pots avec leur motte. On les trouve dans les rayons jardin pratiquement toute la saison, mais il est préférable d'opter pour une installation à l'automne.

Le choix de votre bambou peut se faire sur différents critères. La taille : tapissant ou barrière végétale ? La couleur des chaumes : jaunes, noirs, tachetés de pourpre ? Le feuillage : vert, panaché de blanc, panaché de jaune, avec des rayures blanches, vert brillant, veiné de blanc ?

Le bambou a une croissante très rapide. En pot, selon la variété choisie, il peut pousser de 1 à 2 m par an. Vous obtiendrez une barrière végétale assez rapidement, ce qui est parfait dans l'optique d'une occultation rapide.

❖ Comment planter le bambou ?

Le bambou s'adapte très bien à une culture en bac. En fonction de la taille de la plante, choisissez le contenant adéquat. La hauteur du bac doit être d'au moins 40 cm pour les petits bambous, de 80 cm pour les plus grands.

Prévoyez un bon terreau et remplissez votre bac aux trois quarts de sa hauteur. Retirez le contenant plastique du bambou puis, à l'aide d'une griffe et même d'un sécateur, grattez les racines de la motte pour les aérer

▲ *Phyllostachys aurea.*

TRUCS & ASTUCES

• Saviez-vous que le bambou peut fixer 30 % de plus de CO_2 que les arbres feuillus, et jusqu'à 12 tonnes de CO_2 par hectare et par an (contre 3 tonnes pour une forêt de feuillus) ? Il libère donc 30 % d'oxygène de plus que les arbres.

• Le bambou est très facile de culture et, en prime, en coupant les chaumes de belle taille, vous obtiendrez des tuteurs *made in* chez vous.

• Quand votre bambou a soif, il sait le signaler de façon très claire : les feuilles se replient sur elles-mêmes et s'enroulent pour limiter l'action du soleil. À ce moment-là, apportez-lui de l'eau en quantité.

▲ *Phyllostachys aurea* 'Holochrysa'.

et les aider à bien s'installer. Placez la motte au centre du bac, posée sur le terreau. Le dessus de la motte doit se trouver 2 ou 3 cm sous le rebord de votre bac. Ajustez en conséquence en rajoutant ou en retirant du terreau sous la motte. Une fois la plante bien en place, comblez les espaces vides sur les côtés avec du terreau.

Le bambou s'adapte à une situation ensoleillée, mais aussi mi-ombragée.. Surtout, veillez à l'installer à l'abri des vents. Ne laissez jamais d'eau stagnante dans la soucoupe.

❖ Le suivi pendant la saison

Pensez à arroser en laissant sécher le terreau entre deux apports d'eau. Selon l'espèce choisie, la plante supportera plus ou moins le manque d'eau. Suivez les instructions préconisées à l'achat et surtout évitez l'eau stagnante au niveau des racines ; la soucoupe sous le pot n'est pas réellement nécessaire, et devra de toute façon être vidée régulièrement.

De mai à septembre, apportez un peu d'engrais pour plantes vertes. Un végétal se porte mieux lorsqu'il se nourrit correctement et sans excès. Suivez bien les doses prescrites par le fabricant, ni plus, ni moins.

En hiver, vous pouvez laisser vos bacs de bambous au balcon en les abritant du gel et surtout du vent. En fonction de l'espèce choisie, il faudra peut-être rentrer vos bacs dans les régions aux hivers rigoureux si les températures passent sous -10 °C.

Au printemps, coupez les chaumes secs et disgracieux, mais aussi ceux qui gênent le passage.

CALENDRIER DE CULTURE

Septembre > Achetez votre bambou et installez-le dans son contenant, en situation ensoleillée ou mi-ombragée.

Octobre > Arrosez en laissant sécher le terreau entre deux apports d'eau.

Novembre > Protégez du gel et du vent. À – 10 °C, rentrez votre bambou.

Décembre > Arrosez avec parcimonie.

Mars > Procédez à une petite taille.

Avril > Arrosez.

Mai > Arrosez, apportez de l'engrais.

Juin > Profitez du spectacle.

Juillet > Arrosez, apportez de l'engrais.

Août > Arrosez, laissez faire…

❖ Quelques variétés sympas

- *Phyllostachys aurea* : résistant au froid, chaumes jaunes.
- *Phyllostachys nigra* : chaumes noirs et feuillage vert pomme.
- *Phyllostachys boryana* : le bambou panthère aux chaumes tachetés.
- *Phyllostachys pubescens* : le bambou blanc.
- *Phyllostachys violascens* : le bambou violet.
- *Pleioblastus pumilus* : excellent couvre-sol, vert foncé.
- *Pseudosasa amabilis* : chaumes tachetés de pourpre.
- *Sasa pygmaea* : bambou nain.

BASILIC

▲ Basilic 'Vert fin compact race latino'.

Durant l'Antiquité, le basilic était considéré comme une herbe royale. Au Moyen Âge, il faisait partie des plantes de sorcellerie. Dans certaines régions d'Afrique, il est utilisé pour conjurer le mauvais sort, alors qu'en Inde, il est sacré et déposé en offrande à Vishnou et Krishna. Mais quel est donc son secret ?

❖ L'herbe royale

Le basilic (*Ocimum basilicum*) est une petite plante originaire d'Inde ne dépassant pas 60 cm de haut. Comme c'est une plante annuelle, il ne passera pas l'hiver. Dès 3 °C, les morsures du gel brunissent les feuilles et c'est fini pour lui. Dans les régions aux hivers rigoureux, surveillez le thermomètre assez régulièrement à partir de septembre : dès qu'il passe sous les 10 °C, protégez votre basilic du froid en le plaçant à l'intérieur en pleine lumière.

On cultive cette aromatique pour ses feuilles très parfumées qui agrémentent généralement les salades de tomates, les sauces tomate, le pesto... Selon les variétés, la plante offre différents effluves pour notre plus grand plaisir. Côté culture, cette petite herbe affiche une contradiction à connaître : l'exposition doit être très ensoleillée, mais le terreau du pot doit être en permanence humide. Le basilic aime avoir la tête au soleil et les pieds dans l'eau, en quelque sorte ! Si vous suivez scrupuleusement l'arrosage, la réussite est assurée et votre basilic va s'étoffer et donner une profusion de feuilles. Le parfum du basilic au balcon, c'est un peu de l'Italie que vous invitez à la maison !

▲ Basilic 'Purple Ruffle'.

TRUCS & ASTUCES

• Séché, le basilic perd tout son parfum. Mieux vaut effeuiller les tiges et le congeler ciselé. Vous aurez ainsi le plaisir de le retrouver pendant la saison froide.

• La meilleure façon de conserver le basilic est sans doute de le transformer en pesto (ou pistou), avec de l'huile d'olive, du parmesan, de l'ail et des pignons de pin.

• Le basilic a des propriétés toniques, anti-inflammatoires et digestives.

• Au balcon, son odeur fait fuir les pucerons et autres petites mouches volantes.

❖ Choisir un basilic

Les graines de basilic se sèment en intérieur dès février. Comme c'est une plante annuelle, vous le trouverez aussi en pot au printemps dans les rayons jardin. Installez-le dès que les gelées printanières ne sont plus à craindre et surtout dès que le thermomètre passe au-dessus de 10 °C de façon stable.

Quel type de basilic allez-vous choisir ? La gamme est aujourd'hui très large dans les différents points de vente. Humez le parfum : basilic citron, basilic cannelle, basilic anis, basilic marseillais au parfum très prononcé, basilic fin vert aux petites feuilles faciles à utiliser dans la cuisine… Pensez avant tout à l'utilisation que vous allez en faire, privilégiez vos goûts et vos habitudes culinaires. Côté déco, le basilic pourpre est superbe et parfumé.

❖ Comment planter le basilic ?

Installez vos basilics en petites potées ou en balconnières assez profondes. Remplissez vos contenants d'un terreau de plantation. Creusez un trou de la taille du conteneur. Retirez le pot en plastique puis, à l'aide d'une griffe, grattez les racines de la motte pour les aérer et les aider à bien s'installer. Posez la plante dans le trou, en veillant à ce que le dessus de la motte effleure la surface du terreau, tassez. Arrosez copieusement et placez votre plante en situation ensoleillée et chaude.

Évitez l'ombre et le dessèchement du terreau, mais ne laissez jamais d'eau stagnante dans la soucoupe. Le jeu consiste donc à maintenir le terreau toujours humide, sans laisser votre plante baigner dans l'eau. Seules les plantes aquatiques supportent l'eau stagnante, et assurément le basilic n'est pas une plante aquatique !

❖ Le suivi pendant la saison

Pensez à arroser vos potées régulièrement pour maintenir le terreau toujours humide. Si vous craignez les oublis, disposez un paillage ou des billes d'argile sur le terreau, qui permettront de ralentir son dessèchement. Retirez l'eau stagnante de la soucoupe.

Tout au long de la saison, supprimez les feuilles flétries ou abîmées. Si vous suivez bien les arrosages et prélevez régulièrement des feuilles pour la cuisine, votre basilic se portera comme un charme. La floraison aura lieu en été. Coupez de préférence les fleurs dès leur apparition, afin de favoriser la production de feuilles car, sur ce végétal, ce sont les feuilles que l'on consomme. Pas besoin d'engrais, la plante pousse vite. Dès 3 °C, votre basilic risque la brûlure par le froid. Il faudra le remplacer chaque année, ce qui donne l'occasion de varier les plaisirs d'une année sur l'autre.

❖ Quelques variétés sympas

- 'Grand vert' : aux larges feuilles, le plus costaud.
- 'Fin vert' : aux petites feuilles.
- 'Lime' : le basilic citron.
- 'Purple Ruffle' : aux feuilles pourpres.
- 'Cannelle' : au parfum de cannelle.
- 'Anis' : au parfum d'anis.
- 'Marseillais' : très odorant.
- 'Mammouth' : aux très grandes feuilles.

CALENDRIER DE CULTURE

Mars > Achetez vos plants de basilic, installez-les dans leurs contenants avec un bon terreau de plantation, en situation ensoleillée.

Avril > Arrosez, mais sans laisser d'eau stagnante dans la soucoupe.

Mai > Profitez des feuilles, arrosez.

Juin > Coupez les fleurs, retirez les feuilles fanées.

Juillet > Profitez toujours du parfum, arrosez.

Août > Coupez les fleurs.

Septembre > Au nord de la Loire, récupérez les feuilles et transformez-les. Mettez les tiges au compost.

Octobre > Au sud de la Loire, récupérez les feuilles et transformez-les. Mettez les tiges au compost.

▲ Basilic 'Grand vert'.

▲ *Begonia semperflorens* 'Rose bicolor'.

BÉGONIA

Il est tellement simple de culture qu'on aurait tendance à penser : « Laisse aller… c'est une valse ! » Eh bien, pour le bégo, il serait plus approprié de dire : « Laisse aller… c'est une biguine », vu ses origines. Petits pas de danse vers les tropiques.

❖ Un petit béguin pour le bégonia ?

Plante incontournable de nos balcons, le bégonia est originaire d'Amérique du Sud et des Antilles. Il doit son nom à M. Bégon, gouverneur de Saint-Domingue au XVIIe siècle. De nos jours, il en existe plus de 900 espèces.

Le bégonia est une plante vivace dans son environnement originel, sous les tropiques. Sous nos latitudes et dès lors que le thermomètre affiche 5 °C, le bégonia meurt. Chez nous, il est préférable de le considérer comme une plante annuelle à replanter chaque année.

Compte tenu de ses origines, la plante est à installer en plein soleil, même si elle supporte la mi-ombre. Petit par la taille mais grand par la générosité, le bégonia offre une abondante floraison qui s'étale de mai aux premières gelées automnales.

❖ Choisir un bégonia

Si vous habitez au nord de la Loire, installez vos bégonias après les saints de glace, qui ont lieu les 11, 12 et 13 mai… normalement. Préférez tout de même suivre la météo aux alentours de ces dates car la moindre petite gelée aurait raison de vos plantes.

Dans le commerce, vous trouverez des bégonias dès avril. Au nord de la Loire, placez-les alors en situation abritée du vent et du gel en attendant des temps meilleurs. Au sud de la Loire, vous pouvez les installer en place.

Choisissez selon vos goûts. Il en existe à petites ou grandes fleurs, à fleurs simples ou doubles, des rouges, des roses, des jaunes, des orange, des blancs, à feuillage vert luisant ou même bronze, à port érigé ou retombant…

❖ Comment planter le bégonia ?

Le terreau, c'est la clé de la réussite. Avec un bon terreau bien drainé et riche, la culture est sans souci. Si vous avez la possibilité de faire votre propre préparation, mélangez un tiers de compost bien décomposé à votre terreau de plantation. Placez votre terreau ou votre préparation dans des contenants ou balconnières d'au moins 35 cm de profondeur ; c'est le minimum pour que la plante développe aisément ses racines ou ses tubercules qui vont puiser les nutriments et assurer de magnifiques floraisons.

Retirez ensuite le godet en plastique de vos bégonias avec grand soin et veillez à défaire doucement les racines. Creusez un trou de la taille du godet dans le terreau, placez-y la petite motte et tassez. Pour les tubercules, placez la « patate » dans le terreau, puis recouvrez-la entièrement.

Juste après la plantation, arrosez copieusement mais ne laissez jamais d'eau stagnante dans la soucoupe,

TRUCS & ASTUCES

- Le bégonia tubéreux doit être retiré de terre ou du pot lorsqu'il a fini de fleurir, en octobre. Placez le tubercule dans une pièce aérée, au noir et hors gel. Vous le replacerez à l'endroit de votre choix dès le mois de mars suivant ; si c'est en pot, prévoyez un terreau neuf.
- Quant au bégonia des jardins acheté en godet, dès les premières gelées, vous pourrez le mettre au compost. Le gel annonce la fin de sa vie. Il vous faudra racheter des plants au printemps suivant.
- Le bégonia est comestible : feuilles et fleurs se dégustent crues en salades ou cuites en ratatouille. Leur saveur poivrée et acidulée apportera de la fraîcheur à vos préparations. Si vous les consommez, pendant leur culture, veillez à utiliser de l'engrais biologique plutôt que des engrais chimiques de synthèse.
- L'arrosage doit être fréquent : arrosez uniquement la terre, jamais les feuilles ni les fleurs pour ne pas favoriser d'éventuelles pourritures.

▲ Bégonia 'Dragon Wing'.

videz-la systématiquement. L'eau stagnante pourrait faire pourrir les radicelles ou les tubercules de vos bégonias, entraînant implacablement leur déclin.

❖ Le suivi pendant la saison

Le point essentiel est l'arrosage. Le terreau de vos bégonias doit toujours être humide, mais pas détrempé. Veillez à ne pas noyer votre végétal, videz impérativement la soucoupe pleine d'eau. Pendant toute la saison, retirez les fleurs lorsqu'elles sont fanées, mais également les feuilles abîmées ou mortes.

Les conséquences d'un arrosage régulier vont accélérer le lessivage du terreau et donc l'épuisement des nutriments. Pensez à apporter de l'engrais liquide tous les 15 jours afin que votre bégonia maintienne sa croissance et surtout sa floraison. Préférez des produits utilisables en agriculture biologique et respectez impérativement les doses indiquées par le fabricant. L'excès d'engrais, quel qu'il soit, est nocif car il pourrait brûler les racines de votre végétal et, sans racines, la plante meurt.

Si vous devez vous absenter pendant quelques jours et si la météo annonce du soleil, placez votre bégonia à la mi-ombre et installez des billes d'argile en surface du terreau. Complétées par un arrosage juste avant de partir, ces deux précautions pourraient bien aider votre plante à passer ce moment difficile. Sinon, confiez votre végétal à une tierce personne qui assurera l'arrosage pendant votre absence.

CALENDRIER DE CULTURE

Mars > Repérez vos bégonias en magasin ou faites votre choix sur catalogue.

Avril > Au nord de la Loire, installez vos jardinières à l'abri du froid. Au sud de la Loire, installez-les au balcon.

Mai > Au nord de la Loire… attendez la fin des gelées printanières.

Juin > Arrosez, apportez de l'engrais.

Juillet > Retirez les feuilles et fleurs abîmées, arrosez.

Août > C'est les vacances, installez les bégonias à la mi-ombre, en répandant des billes d'argile sur la surface du terreau, ou confiez-les à une personne de confiance.

Septembre > Petit nettoyage de retour, un peu d'engrais.

Octobre > Nettoyez vos bégonias, placez les tubercules au garage, mettez les autres au compost.

Mars > Replantez vos tubercules dans un terreau neuf.

❖ Quelques variétés sympas

Il existe deux grandes familles de bégonias.

Les bégonias tubéreux sont en vente au rayon « Bulbes à fleurs » dès le printemps dans les jardineries. Essayez :
- 'Bonfire' avec une explosion de fleurs allongées de couleur rouge,
- 'Angels White' pour du blanc neige,
- 'Royal Pink'
- 'Beauty Orange'.

Les bégonias des jardins, cultivés en godets, sont en vente au rayon « Plantes à massif » dès le mois de mars. Laissez-vous tenter par :
- 'Dragon Wings' pour une cascade époustouflante de fleurs,
- le classique 'Gracilis', la valeur sûre aux fleurs roses, rouges ou blanches et au feuillage vert luisant à bronze.

▲ Bidens 'Gold Nuggets'.

BIDENS

Jaunes ou blanches selon vos envies de déco, les fleurs de bidens apportent une touche de légèreté et insuffent un côté aérien à votre espace extérieur. Côté entretien, c'est du bonheur !

❖ Un bidens, sinon rien

Cette plante originaire du Mexique fait l'unanimité. Ses longues tiges fines et ramifiées au port doucement retombant lui donnent une belle allure. Son développement peut aller de 50 cm à 1,50 m de haut et de large selon les variétés.

Dès le début avril, de jolies petites fleurs étoilées jaune d'or éclatent de toutes parts et durent jusqu'aux premières gelées automnales. Le gel aura raison de toute la plante puisqu'elle est non rustique. Dans les régions aux hiver doux, vous pourrez la conserver en la protégeant (dans son environnement originel, c'est une plante vivace), mais dans les régions aux hivers rigoureux, il vous faudra la remplacer chaque année.

Néanmoins, ce végétal est très facile d'entretien : placez-le en situation ensoleillée, même le plein soleil ne lui fait pas peur. A contrario, la plante déteste l'eau stagnante, évitez absolument les berges et autres mares à canards.

Le bidens est exclusivement jaune. Le jaune est une couleur chaude qui va apporter un peu de soleil sur votre terrasse ou votre balcon. Vous l'avez déjà vu, sans aucun doute, dans bon nombre de massifs et de jardins.

❖ Choisir un bidens

Au début du printemps, vous le trouverez en petits pots dans les commerces spécialisés. La plante – et ceci vaut pour toutes les variétés de bidens – a une croissance très rapide

▲ Bidens 'Pirate's Pearl Blanc'.

TRUCS & ASTUCES

• Placez le bidens à proximité des géraniums-lierres ou des pétunias, c'est un excellent compagnon pour ces fleurs. Les bons mariages entre plantes fleuries sont bénéfiques car les plantes poussent et se développent encore mieux.

• Vous pouvez facilement l'installer en mélange avec vos plantes de rocaille. Le bidens entre tout à fait dans cet esprit de massif sans contrainte et apporte un aspect champêtre et léger par sa forme, chaleureux par sa couleur.

et existe en deux coloris : le jaune et le blanc. Pas de terrain à améliorer, le bidens s'adapte à tous les types de sol. Côté arrosage, préférez lui administrer un arrosage régulier plutôt que copieux de temps à autre. Son exposition : en plein soleil. Ennemis et maladies : aucun.

Pour savoir si vous allez l'installer ou pas, il vous suffit de vous poser deux questions : est-ce que la plante me plaît et quelle est sa taille adulte ? Le bidens est vraiment d'une grande facilité de culture.

❖ Comment planter le bidens ?

Prévoyez un terreau pour plantes fleuries et des balconnières ou des potées d'au moins 40 cm de profondeur. Une fois le terreau en place, retirez le godet en plastique des plants avec soin, puis veillez à défaire délicatement les racines. Creusez un trou de la taille du godet dans le terreau, placez-y la petite motte et tassez. Arrosez, mais ne laissez pas d'eau stagnante dans la soucoupe, videz-la systématiquement. Le bidens n'aime pas avoir les pieds dans l'eau, son ennemi reconnu.

À force d'arrosages, votre terreau enrichi va petit à petit être lessivé. Apportez de l'engrais pour plantes fleuries. Suivez bien les prescriptions de dosage et de fréquence : trop d'engrais est néfaste pour le bidens.

❖ Le suivi pendant la saison

Rien à faire… C'est tout l'intérêt du bidens qui est vraiment la plante facile par excellence. Pensez toutefois

▲ *Bidens ferulifolia.*

à l'arroser, surtout dans les périodes très chaudes, car une plante en pot dépend toujours de son jardinier. Préférez un arrosage modéré et régulier, plutôt que copieux et aléatoire. Même si la plante supporte très bien le soleil, elle a besoin d'eau régulièrement. Et quand l'arrosage va, tout va, car vous épargnez du stress à votre végétal.

Rappelez-vous que le seul ennemi du bidens est l'eau stagnante. Retirez systématiquement l'eau de la soucoupe et, si vous avez peur de ne pas être à la hauteur sur le sujet, installez des billes d'argile dans le fond de la soucoupe et posez votre balconnière dessus. Les billes s'imbiberont de l'excès d'eau.

De temps en temps, si vous en avez envie, retirez les fleurs fanées et les feuilles flétries au fur et à mesure de leur apparition, mais sachez qu'il n'est pas indispensable de le faire, car la plante développera de toute manière une floraison abondante.

❖ Quelques variétés sympas

Il existe plus de 50 variétés de bidens, parmi lesquelles :

- 'Smiley' : feuillage vert olive et fleurs aux pétales bien arrondis, développement harmonieux, très déco ;
- 'Peter's Goldteppich' : feuillage vert foncé, fleurs très grandes d'un jaune intense. Floraison hâtive et développement important ;
- 'Solaire' : très compact car le développement reste réduit. Les fleurs d'un jaune d'or sont petites mais apportent de la lumière.

CALENDRIER DE CULTURE

Mars > Repérez vos bidens en magasin et prévoyez leur contenant.

Avril > Au nord de la Loire, installez vos jardinières à l'abri du froid. Au sud de la Loire, installez-les au balcon en situation ensoleillée.

Mai > Au nord de la Loire, attendez la fin des gelées printanières pour installer vos bidens.

Juin > Arrosez régulièrement.

Juillet > Arrosez et retirez l'eau stagnante de la soucoupe.

Août > Continuez l'arrosage et retirez les feuilles et fleurs fanées.

Septembre > Profitez encore de votre plante.

Octobre > Dans les régions aux hivers rigoureux, arrachez vos bidens et jetez-les au compost. Dans les régions aux hivers doux, protégez-les.

▲ *Bidens ricadente.*

BUIS

▲ *Buxus sempervirens.*

Dans le langage des fleurs, le buis est le symbole du stoïcisme. Dans l'Antiquité, il était dédié à Hadès, dieu des Enfers, et à Cybèle, déesse de la Terre et de la fécondité. Pour les Gaulois, il était le symbole de l'éternité. Aujourd'hui, le buis représente les beaux balcons…

❖ Quand on l'aime, c'est pour la vie

Originaire du bassin méditerranéen, le buis est un arbuste rustique au feuillage homogène vert foncé, vernissé et persistant. « Feuillage persistant » voulant dire que celui-ci sera en place durant toutes les saisons… Point de perte de feuillage pour lui !

Ses particularités en font une plante vraiment à part. D'abord, sa lenteur : sa croissance est très lente. Ensuite, son exceptionnelle longévité : le buis peut vivre très longtemps, jusqu'à 500 ou 600 ans. D'ailleurs, il existe de nombreux sujets plus que centenaires dans les grands parcs à la française. Si vous choisissez le buis pour vous accompagner, c'est une histoire qui va durer.

Il a une classe folle. Dans un joli pot de style florentin, imaginez des buis aux formes simples comme les boules

▲ Fruits de *Buxus sempervirens.*

ou les cônes. Le charme de votre balcon va se réinventer. Le végétal est généreux. Grâce à son feuillage foncé et persistant, il mettra en valeur toutes vos autres plantes. À proximité du buis, les rosiers paraîtront plus opulents, les graminées encore plus légères et les couleurs des vivaces ressortiront davantage.

Sa dernière particularité est d'être LA plante de l'art topiaire. L'art topiaire existe depuis l'Antiquité et consiste à créer des sculptures végétales, des plus simples aux plus complexes. Et cette plante-là se prête à toutes les tailles, même répétées, animalières, géométriques ou fantaisie. Pourquoi s'en passer ?

❖ Choisir un buis

Attention, arbuste à croissance très lente, la plante pousse seulement de 5 à 7 cm par an chez les jeunes sujets, ensuite d'environ 10 cm par an. Alors si vous comptez remplir un grand espace, prenez un buis déjà âgé.

Comme la plante est rustique et proposée en pot avec sa motte, vous la trouverez toute l'année dans les rayons jardin. Un spécimen vendu en pot peut être planté toute l'année en dehors des périodes de gel, mais préférez l'automne, car l'arbuste profitera de cette saison pour bien se mettre en place.

Le choix de votre buis se fera selon la déco que vous voulez apporter à votre balcon : avec des formes simples ou des formes complexes par le biais de l'art topiaire ?

La plante peut être placée au soleil, mais également à la mi-ombre. La

TRUCS & ASTUCES

• Avec sa végétation très dense, le buis peut être utilisé comme brise-vent ou écran. Saviez-vous qu'en raison de l'aspect vernissé et coriace de son feuillage, il résiste bien à la pollution atmosphérique ?

• De couleur jaune clair, le bois du buis est réputé pour sa dureté et sa finesse. C'est le plus dense de toutes les espèces ligneuses rustiques, mais aussi le second de tout le monde végétal sur le plan de la dureté… juste derrière l'ébène. Une référence !

• Attention, le buis est toxique : il contient des alcaloïdes provoquant des vomissements, des nausées, des diarrhées et des tremblements. Nul besoin de le déguster…

▲ *Buxus sempervirens* 'Elegantissima'.

floraison aura lieu au mois d'avril, mais elle est plutôt insignifiante. Ce n'est pas l'élément déterminant chez le buis.

❖ Comment planter le buis ?

Le buis s'adapte parfaitement bien à une culture en bac. Choisissez le contenant adéquat en fonction de sa taille : la hauteur du bac doit représenter environ le tiers de la hauteur de la plante.

Prévoyez un bon terreau bien drainant, qui ne garde pas l'eau. Pour mettre toutes les chances de votre côté, disposez des billes d'argile dans le fond du bac, le drainage n'en sera que meilleur. Prévoyez une épaisseur de billes d'environ un dixième de la hauteur du contenant et couvrez-la d'un feutre de jardin afin de ne pas laisser filer le terreau à l'arrosage. Remplissez votre bac et creusez un trou au centre. Retirez le pot en plastique du buis puis, à l'aide d'une griffe, grattez les racines de la motte pour les aérer et les aider à bien s'installer. Placez votre végétal dans le trou. Le dessus de la motte doit effleurer la surface du substrat. Ajustez en conséquence en ajoutant ou en retirant du terreau sous la motte. Une fois le buis bien calé, comblez les espaces vides sur les côtés avec du terreau. Tassez fortement. Arrosez. Ne laissez jamais d'eau stagnante dans la soucoupe.

❖ Le suivi pendant la saison

Votre arbuste est très accommodant, il ne nécessite aucune intervention particulière pour bien se développer. Cependant, pensez à l'arroser le plus régulièrement possible, le terreau devant toujours rester humide. Une fois par semaine par temps humide, c'est bien, mais arrosez tous les jours en cas de fortes chaleurs. Au besoin, paillez avec du mulch de cacao ou des billes d'argile ; esthétiquement, c'est ravissant ! Apportez-lui un engrais au printemps, en respectant bien les doses prescrites.

CALENDRIER DE CULTURE

Septembre > Achetez votre buis et prévoyez son contenant, le terreau, les billes d'argile, le feutre ; installez-le en situation ensoleillée ou mi-ombragée.

Octobre > Arrosez en laissant sécher le terreau entre deux apports d'eau.

Novembre > Réduisez les apports d'eau.

Décembre > Profitez du spectacle.

Mars > Procédez à une petite taille au besoin.

Avril > Arrosez, remarquez la floraison.

Mai > Arrosez, apportez de l'engrais.

Juin > Profitez du spectacle.

Juillet > Arrosez, apportez de l'engrais.

Août > Arrosez encore.

Le seul véritable entretien consiste à tailler les jeunes pousses afin d'entretenir la forme des bordures ou des topiaires que vous avez choisie. Cette taille ne nécessite votre intervention que deux ou trois fois par an. Ces arbustes se taillent bien sans devoir être un artiste.

Votre buis est rustique et supporte des froids intenses : même si les jeunes pousses sont grillées à la suite d'une gelée, elles seront renouvelées rapidement. Vous pouvez le laisser sur le balcon pendant la saison hivernale.

❖ Quelques variétés sympas

Le buis commun (*Buxus sempervirens*) se décline en nombreuses variétés.

- À feuilles panachées : 'Argentea', 'Argenteovariegata', 'Aureovariegata', 'Elegans', 'Latifolia Maculata'.
- À port pyramidal : 'Pyramidalis'.
- À port compact : 'Handsworthensis' (buis d'Angleterre), 'Herrenhausen' ou 'Suffruticosa'.
- À grosses feuilles, de croissance plus rapide : 'Rotundifolia'.

▲ *Tulipa linifolia.*

BULBES DE PRINTEMPS

Les bulbes de printemps, c'est l'assurance de profiter des toutes premières fleurs de l'année, et parfois encore sous la neige. Le tableau est ravissant et revigorant, et la manipulation des bulbes d'une grande facilité. Il n'y a vraiment pas de raison de s'en priver !

❖ Crocus, narcisse, muscari et compagnie

Les bulbes de printemps, vaste sujet… Pour commencer, précisons que ce sont des plantes vivaces puisque, pour la plupart, vous pourrez les réutiliser d'une année sur l'autre.

Ce qui nous intéresse dans ces végétaux, c'est la floraison. Alors, pour faire la distinction parmi tous les bulbes existants, c'est la période de floraison que l'on précise. Dans cette fiche, nous parlons des bulbes qui fleurissent au printemps. Pensez tulipes, narcisses, jonquilles, jacinthes, crocus et autres muscaris.

Le bulbe, c'est la « patate » ou l'« oignon » que l'on va mettre en terre et duquel va sortir le végétal choisi. Seulement, la « patate » a besoin d'être installée en situation dès l'automne pour pouvoir donner le meilleur d'elle-même au printemps. En clair : les bulbes à floraison printanière s'installent à l'automne, dès la fin de l'été.

Selon le genre, vous pourrez obtenir de belles fleurs dès le début du printemps ou jusqu'en mai. Par exemple, les narcisses fleurissent en février. La fleur dure entre 15 et 18 jours.

Après les longs mois d'hiver, les bulbes à floraison printanière sont de vrais atouts « bonne humeur ». La couleur et le parfum de la jacinthe… si vous ne connaissez pas, tentez l'expérience, vous ne serez pas déçu !

❖ Choisir un bulbe de printemps

C'est là votre plus gros travail. Pensez à acheter les bulbes à floraison printanière dès l'automne. De toute façon, ils seront dans vos rayons jardin seulement à l'automne. Certes, il est parfois difficile de décider à la mauvaise saison de ce que l'on va vouloir comme fleurs au printemps suivant, alors laissez aller vos envies et imaginez une petite potée de narcisses d'un jaune éclatant posée sur le vieux guéridon, par exemple. Avec les bulbes, vous avez le choix des couleurs, des formes, des hauteurs et des parfums. Laissez-vous guider par vos goûts.

Si vous souhaitez les installer en mélange de couleurs, évitez de marier plus de deux couleurs à la fois. Au-delà, vous obtiendriez un effet arlequin qui ne serait pas forcément du meilleur goût (quoiqu'en matière de goût, il est vrai que tout et son contraire existent), mais surtout on se lasse rapidement de cet ensemble trop coloré.

❖ Comment planter les bulbes de printemps ?

Selon la variété, vous pouvez mettre vos bulbes en place dès fin août ou début septembre, mais la plupart seront à installer en automne ; octobre est souvent le bon mois.

Remplissez vos potées et vos vasques d'un terreau pour plantes fleuries ou pour balconnières, en choisissant

▲ *Galanthus nivalis.*

TRUCS & ASTUCES

• La taille de la « patate » conditionne la grosseur et la beauté de la fleur. Alors, n'hésitez pas à choisir des bulbes de belle taille.

• Les narcisses sont superbes en bouquet et en mélange, mais leur sève nuit aux autres fleurs. Pour éviter le problème, faites tremper les tiges des narcisses dans de l'eau claire pendant une nuit. Après cette opération, vous pourrez mélanger vos narcisses aux autres fleurs, ces dernières ne craindront plus rien.

• La tulipe est l'une des fleurs qui tient le plus longtemps en vase. Il existe des variétés hâtives qui fleurissent dès mars et d'autres, tardives, qui donneront des fleurs en mai. Étalez les floraisons.

• Beaucoup de bulbes se conservent d'une année sur l'autre. Ce n'est pas le cas de la jacinthe qui, elle, sera épuisée après sa floraison ; il est donc préférable de la renouveler tous les ans.

des contenants d'au moins 30 cm de profondeur. Une fois le terreau installé, creusez un trou de la taille du bulbe. La partie la plus allongée de ce dernier doit pointer vers le ciel et celle qui porte les petites radicelles, la plus plate souvent, doit être posée sur le fond du trou. La pointe doit être à peine recouverte, comptez 1 cm de terreau au-dessus. Tassez le terreau tout autour, puis arrosez. Ne laissez pas d'eau stagnante dans la soucoupe du pot, car trop d'humidité pourrait faire pourrir l'« oignon ». Selon l'espèce choisie, reportez-vous aux conseils prodigués quant à l'exposition de votre plante. En effet, certains bulbes demandent le plein soleil ou la mi-ombre, d'autres sont indifférents à la situation.

CALENDRIER DE CULTURE

Septembre > Achetez vos bulbes en magasin et prévoyez leur contenant.

Octobre > Mettez vos bulbes en place.

Novembre à mars > Suivez l'arrosage.

Avril > Arrosez régulièrement en laissant sécher le terreau entre deux arrosages, apportez de l'engrais.

Mai > Faites les derniers bouquets de tulipes.

Juin > Coupez toutes les parties aériennes défleuries et jaunies de vos fleurs.

Juillet > Placez vos bulbes dans un endroit frais, hors gel, sec et noir.

Octobre > Et c'est reparti ! Achetez de nouveaux bulbes de jacinthes.

❖ Le suivi pendant la saison

Pensez à arroser vos potées régulièrement ; le terreau peut sécher entre deux apports d'eau. Votre bulbe va puiser dans ses réserves pour pouvoir offrir ses plus beaux atouts, alors n'hésitez pas à lui apporter régulièrement un engrais biologique spécial fleurs. Suivez bien les doses prescrites par le fabricant, car l'excès d'engrais est néfaste pour les bulbes.

Quelle que soit l'espèce choisie, coupez au fur et à mesure de leur apparition les fleurs fanées. Ce geste simple permet au bulbe de ne pas s'épuiser totalement en cherchant à produire des graines. Les bulbes ont une durée de vie florale de plus ou moins 1 mois. Après cela, ils entrent dans leur phase de repos. Le fonctionnement est simple : plus de fleur et le feuillage jaunit. Attendez ces signaux pour supprimer toutes les parties aériennes. Coupez bien ras, juste au-dessus du bulbe, mais ne coupez pas le bulbe lui-même.

Vous pourrez le mettre au repos pendant l'été dans un endroit frais, hors gel et dans l'obscurité. Et, dès l'automne suivant (pour la plupart des bulbes), vous pourrez le replanter dans un terreau neuf.

❖ Quelques variétés sympas

- **Pour les tulipes**, le choix est innombrable : à fleurs simples, 'Apricot Beauty' et 'Princesse Irène' sont odorantes ; en fleur de lis, 'Reine de Saba' est rouge profond alors que 'White Triumphator' est d'un blanc immaculé. Mais il y a aussi des tulipes frangées, des fleurs perroquets… Faites votre choix sur place.

- **Côté jacinthes**, 'Perle Brillante' est bleu ciel, 'Gipsy Queen' saumon, 'Pink Pearl' rose vif et 'Atlantic' bleu.

- **La jacinthe à grappes**, plus communément appelée **muscari**, est une petite plante souvent bleu-mauve mais également blanche : 'Ameniacum', d'une couleur bleu cobalt, 'Azureum', à fleurs de campanule bleu clair.

- **Les narcisses** sont blancs avec 'Mount Hood', jaunes avec 'King Alfred' et même orange grâce à 'Professeur Einstein'. *Narcissus pseudonarcissus* est la jonquille aux fleurs en trompette.

- **Les perce-neige** dont l'espèce type est *Galanthus nivalis*.

- **Les crocus** : 'Tricolor', violet clair au centre jaune et blanc, 'Grand jaune', 'Remembrance' bleu-violet.

FOCUS SUR LE CROCUS

Description

Le genre crocus compte près de 90 espèces différentes, originaires d'Europe, d'Afrique et d'Asie. Il existe deux périodes de floraison selon les espèces. L'espèce qui donne du safran, *Crocus sativus*, s'installe en juillet pour fleurir en octobre-novembre, alors que les bulbes qui nous intéressent ici, les crocus classiques, sont plantés en automne et fleurissent en hiver. Le crocus présente des couleurs allant du bleu lilas au mauve, mais aussi du jaune pur au blanc. La fleur en forme de corolle a la particularité de se refermer la nuit et aussi par mauvais temps, pour se rouvrir dès les premiers rayons de soleil. Ses feuilles vertes sont longues et filiformes. La plante mesure entre 10 et 15 cm de haut.

Technique culturale

Installez vos bulbes de crocus dans un terreau bien drainant. L'exposition peut être ensoleillée ou mi-ombragée. À la plantation, optez pour une profondeur de trois fois la hauteur du bulbe. Pour un bel effet, installez au moins 20 bulbes dans votre potée. Suivez l'arrosage, maintenez le terreau toujours à peine humide, mais sans eau stagnante dans la soucoupe. Coupez les fleurs fanées, ainsi que le feuillage lorsqu'il a jauni et cessez tous les arrosages. Laissez le bulbe de crocus en place, il va prendre un peu plus d'ampleur chaque année.

Trucs & astuces

- Il existe des variétés automnales qui s'installent en été. Vous pouvez ainsi prolonger le plaisir d'avoir des crocus sur une longue période de l'année.
- *Crocus sativus* produit le safran, cette épice extraite de la fleur que l'on obtient par déshydratation des trois stigmates rouges se trouvant au cœur de la corolle.

FOCUS SUR LA JACINTHE

Description

Avec ses jolies fleurs en grappe, la jacinthe forme de ravissantes clochettes au parfum puissant. Elle offre en extérieur un spectacle au tout début du printemps, ce qui constitue sa période naturelle de floraison, mais on la trouve aussi dès le mois de décembre, en intérieur. Même s'il s'agit exactement de la même fleur, il faut donc distinguer les bulbes de jacinthe cultivés en pot pour l'extérieur de ceux forcés et cultivés en intérieur. Les bulbes d'extérieur s'installent en automne et fleurissent au printemps de mars à avril, alors que les bulbes forcés fleurissent dès décembre jusqu'en mars, en intérieur.

Technique culturale

Les bulbes cultivés en extérieur s'installent en automne, à 10 cm de profondeur. Pour un effet plus esthétique, plantez-les au moins par trois en les espaçant de 15 cm. Plus il y en a, plus c'est joli. Apportez un engrais spécial bulbes pendant la floraison. Supprimez les fleurs fanées afin d'éviter la formation de graines qui épuise la plante. Après la floraison, laissez le feuillage jaunir, c'est ainsi que le bulbe reconstitue ses réserves. Une fois les feuilles sèches, coupez-les au ras du bulbe.

Pour les bulbes forcés, inutile de les garder après la floraison car ils ne fleurissent qu'une seule fois.

Trucs & astuces

- Les bulbes cultivés en extérieur peuvent rester en terre. Ils sont rustiques et supportent la sécheresse estivale mais, au bout de quelques années, la floraison diminue. Il faudra les changer et replanter régulièrement de nouveaux bulbes.
- Associez les bulbes de jacinthes à des plantes vivaces basses ou des bisannuelles – les pensées sont parfaites.

FOCUS SUR LE MUSCARI

Description

Les muscaris se reconnaissent à leurs fleurs de couleur bleue, violette ou noirâtre, mais on trouve parfois aussi des sujets de couleur blanche. Avec ses petites clochettes ovoïdes à ouverture étroite qui forment une grappe très serrée, la plante a un port droit, graphique, digne, de mars à mai. Ses feuilles, longues de près de 20 cm, sont étroites, charnues et vertes. Elles constituent une rosette à la base de la plante et apparaissent la plupart du temps après l'inflorescence. Selon la variété, votre plante peut mesurer de 20 à 60 cm de haut, mais les plus courantes restent de taille moyenne, 30 cm. Certaines espèces développent un parfum musqué qui ajoute ce petit plus qui fait de cette plante gracieuse une incontournable de nos périodes hivernales.

Technique culturale

Ce sont des plantes très rustiques, qui préfèrent le soleil mais s'adaptent à l'ombre légère. Pour un effet impressionnant, prévoyez un contenant assez important afin de planter ensemble (en automne) plusieurs dizaines de bulbes. Le muscari se plante à une profondeur égale à trois fois la hauteur de son bulbe. Il ne réclame aucun entretien particulier, mais n'oubliez pas d'arroser dès que le terreau est sec en surface. Coupez les fleurs fanées et taillez le feuillage seulement lorsqu'il est totalement fané. Afin de régénérer votre muscari, divisez les bulbes tous les 3 ou 4 ans, avant la plantation.

Trucs & astuces

Afin d'étaler la floraison, vous pouvez varier les expositions : plus les bulbes sont exposés en situation ensoleillée, plus la pousse sera rapide ou normale. En revanche, si les bulbes sont installés en exposition mi-ombragée, la pousse sera forcément plus lente.

FOCUS SUR LE NARCISSE

Description

Il existe plus d'une soixantaine d'espèces de narcisses dont la hauteur varie de 10 à 60 cm, selon la variété. Les fleurs, qui apparaissent de mars à mai, portent une couronne plus ou moins détachée au centre des pétales. La couleur de base des narcisses va du blanc au jaune, mais la couronne peut être plus foncée, jaune ou orange clair. Certains cultivars possèdent des fleurs solitaires doubles, d'autres proposent des bouquets de petites fleurs simples et très odorantes. C'est la fleur symbole des prémices du printemps. En plus, elle est simple de culture.

Technique culturale

Installez vos narcisses dans un terreau bien drainant, avec un lit de billes d'argile au fond du pot, recouvert d'un feutre de jardin. Plantez-les à l'automne à une profondeur d'au moins trois fois la hauteur du bulbe. Arrosez en laissant sécher le terreau entre deux apports d'eau et ne laissez jamais d'eau stagnante dans la soucoupe. Juste après la floraison, coupez les hampes défleuries et apportez un engrais spécial fleurs, puis taillez le feuillage lorsqu'il sera sec. Cette méthode permet à vos bulbes d'accumuler des réserves pour la prochaine floraison. Lorsque vos bulbes commencent à être trop nombreux, trop à l'étroit dans le contenant, procédez à leur division, environ tous les 2 ou 3 ans, en septembre.

Trucs & astuces

- Pour étaler les floraisons, plantez les narcisses à différentes expositions : au soleil pour une floraison rapide, à la mi-ombre pour une floraison de plus longue durée.
- Les tiges, les fleurs et les bulbes de narcisses sont toxiques. Si vous faites un bouquet de fleurs coupées, préférez les installer seules dans un vase.

FOCUS SUR LE PERCE-NEIGE

Description

Ces petits végétaux aiment généralement les sols rocheux où ils se développent rapidement. Chaque pied porte une fleur blanche dont le parfum de miel est un petit bonheur. Les fleurs de *Galanthus nivalis*, comportent trois tépales au port retombant. Le perce-neige se décline en de nombreuses variétés offrant parfois des fleurs doubles et pouvant présenter des marques jaunes sur les tépales, mais toutes n'excèdent pas 20 cm de hauteur. La plante est très rustique, et la neige un de ces éléments naturels favoris où elle pousse avec aisance. La plantation du bulbe s'effectue en automne et sa floraison se produit de janvier à février-mars, souvent sous la neige, justement.

Technique culturale

Le perce-neige a besoin d'un sol très drainé et très riche mais restant toujours frais. Il apprécie un sol plutôt acide : ajoutez un peu de terre de bruyère à votre terreau de plantation. Installez les bulbes à la mi-ombre, à une profondeur de deux fois la taille du bulbe et, pour un bel effet, espacez-les de 5 à 8 cm les uns des autres. Après la floraison, coupez d'abord les hampes florales, puis le feuillage une fois jauni. Cette méthode permet au bulbe de reconstituer ses réserves. La division des bulbes se pratique à cette même période.

Trucs & astuces

La culture du perce-neige est possible en compositions dans des jardinières, mais aussi pour compléter les potées déjà plantées afin de créer un nouvel effet lors de sa floraison. En mélange avec les pensées, la couleur neutre blanche du perce-neige fera ressortir les couleurs flamboyantes des bisannuelles. En mélange avec d'autres bulbes à floraison printanière, il apporte sa petite touche fraîcheur et contribue à l'échelonnement des floraisons.

FOCUS SUR LA TULIPE

Description

Originaire d'Asie centrale, les tulipes sont les bulbes à fleurs incontournables de nos jardins d'hiver. Il en existe plus de 125 espèces différentes et plus de 5 600 variétés. Il y a des hâtives qui poussent tôt dans la saison, des tardives qui au contraire sortent tard de terre, des « fleurs de lis » aux pétales effilées, des « perroquets » aux grosses fleurs, des « frangées » aux pétales dentelés : il y en a vraiment pour tous les goûts. Et côté couleur, c'est pareil : les fleurs offrent des tons rouges, jaunes, blancs, roses, violets, orange, noirs et bleus. La période de floraison s'étend de février à mai, et vous pourrez ainsi faire de jolis bouquets de tulipes tout au long de l'hiver et du printemps, car ces fleurs tiennent merveilleusement bien en vase.

Technique culturale

Installez vos bulbes dès le début octobre, espacés les uns des autres de 10 à 15 cm, dans un terreau léger et bien drainant. Placez vos contenants en plein soleil ou à la mi-ombre, mais toujours à l'abri du vent. Les tulipes poussent entre 20 et 60 cm de haut en fonction de la variété. Une fois la floraison terminée, au plus tard en mai, les feuilles vont jaunir à leur tour. Lorsque le feuillage est complètement sec, sortez les bulbes de leurs contenants, retirez un maximum de terre, coupez les feuilles jaunes et installez vos bulbes dans une pièce sombre, fraîche et surtout hors gel. Vous les réinstallerez en place dès octobre prochain.

Trucs & astuces

Optez pour différentes hauteurs de tulipes. Les grands sujets pourront être utilisés en fleurs coupées et faire de très jolis bouquets pour la maison. Les petites tulipes pourront être installées au pied de vos arbustes déjà en place, afin d'habiller le terreau et de regarnir vos décorations végétales.

▲ Lis 'Briançon'.

BULBES D'ÉTÉ

Les bulbes, c'est pas cher, ça ne prend pas de place et ça fait toujours son petit effet. Grandes potées en mélange de fleurs ou petites vasques unicolores… Vous les aimez comment, les bulbes d'été ?

❖ Dahlia et cætera

Les bulbes d'été valent eux aussi le détour pour habiller votre balcon ou votre terrasse. Ces plantes vivaces vont pouvoir être réutilisées d'une année sur l'autre, pour la plupart. Ici, il s'agit des bulbes à floraison estivale. Comme pour les autres bulbes, ce qui nous intéresse, c'est toujours la période de floraison. Il s'agit des bégonias tubéreux, des dahlias, des lis, des freesias, des glaïeuls, des arums et des renoncules.

Le bulbe, c'est la « patate » que l'on va mettre en terre et de laquelle va sortir le végétal choisi. Seulement, ladite « patate » a besoin d'être installée en situation dès le printemps pour pouvoir donner le meilleur d'elle-même en été. En clair : les bulbes à floraison estivale s'installent au printemps.

Selon le genre, vous pourrez obtenir de belles fleurs à partir du début de l'été. Les glaïeuls fleurissent dès juin. La plupart des autres donneront de juillet jusqu'à septembre ou octobre.

C'est un véritable festival de couleurs, les bulbes d'été au balcon. En plus, ils sont inratables. Leur générosité et leur parfum (comme celui des freesias) sont du bonheur à l'état pur. À ne manquer sous aucun prétexte !

❖ Choisir un bulbe d'été

C'est toujours une histoire de timing… Pensez à acheter les bulbes à floraison estivale dès le printemps, saison à laquelle vous les trouverez dans vos rayons jardin. Ce qui est parfait, c'est qu'à cette période de la saison, les envies de sortir au balcon reviennent nous titiller. Du coup, il est plus simple de laisser aller son imagination.

Avec les bulbes, vous avez le choix des couleurs, des formes, des hauteurs et des parfums. Laissez vos goûts s'exprimer. Vérifiez simplement les préférences des différentes espèces quant à l'exposition, car toutes ne sont pas amatrices de soleil.

Si vous souhaitez les installer en mélange de couleurs, mariez de préférence deux coloris au maximum. Au delà, vous obtiendriez un effet arlequin qui ne serait pas forcément du meilleur goût (quoique en matière de goût, il est vrai que tout et son contraire existent) et vous risqueriez de vous lasser. En tout cas, amusez-vous à préparer l'été au balcon !

❖ Comment planter les bulbes d'été ?

Mettez vos bulbes en place dès la fin des gelées printanières, comptez fin mars pour ne prendre aucun risque.

Remplissez vos potées et vos vasques d'un terreau pour plantes fleuries ou pour balconnières, en choisissant des contenants d'au moins 30 cm de profondeur, et davantage pour les grandes fleurs. Une fois le terreau installé, creusez un trou de la taille du bulbe. La partie la plus allongée de ce dernier doit pointer vers le ciel et celle qui porte les petites radicelles (souvent la partie la plus plate) doit être posée sur le fond du trou. La pointe doit être légèrement recouverte de 2 cm de terreau. Tassez le terreau tout

TRUCS & ASTUCES

- La taille de la « patate » conditionne la grosseur et la beauté de la fleur. N'hésitez pas à choisir des bulbes de belle taille comme pour les bulbes de printemps.
- Certains bulbes d'été sont sensibles au vent. C'est le cas en particulier de la jacinthe du Cap et de l'eucomis du Cap. Installez-les impérativement en situation abritée.
- Les glaïeuls sont superbes en fleurs coupées et ont une très bonne tenue en vase. Si, en potée, ils ont du mal à se maintenir droits, utilisez les tuteurs les plus fins possible.

▲ Dahlia 'Soleillade', variété Label Rouge.

autour, puis arrosez. Ne laissez pas d'eau stagnante dans la soucoupe du pot, car trop d'humidité pourrait faire pourrir la « patate », et une patate pourrie ne donnerait aucune floraison.

Selon l'espèce choisie, reportez-vous aux conseils prodigués quant à l'exposition de votre bulbe. En effet, certains aiment le plein soleil, d'autres la mi-ombre. Placez-les en situation sans attendre.

❖ Le suivi pendant la saison

Selon l'espèce choisie et l'exposition préconisée, l'arrosage sera différent. Vous arroserez régulièrement les bulbes à installer au soleil, mais en laissant sécher le terreau entre deux apports d'eau. Les bulbes aimant l'ombre demandent des arrosages suivis, le terreau devant rester humide. Mais, une règle est à observer quelle que soit la méthode d'arrosage : pas d'eau stagnante dans la soucoupe !

▲ Lis 'Tigre'.

Votre bulbe va puiser dans ses réserves pour pouvoir offrir ses plus beaux atouts. Alors n'hésitez pas à lui apporter régulièrement un engrais biologique spécial fleurs pendant sa floraison. Suivez bien les doses prescrites par le fabricant, car l'excès d'engrais est néfaste pour les bulbes.

Les bulbes ont une durée de vie florale plus ou moins longue. Coupez les hampes florales dès qu'elles sont sèches ; le bulbe va entrer dans sa phase de repos. Le signal est simple : plus de fleurs et un feuillage qui jaunit. Attendez ces repères pour supprimer toutes les parties aériennes. Coupez bien ras, juste au-dessus du bulbe, mais ne coupez pas le bulbe lui-même. Vous pourrez le mettre de côté, dans un endroit frais, hors gel, dans le noir, pour qu'il puisse profiter d'un repos hivernal. Et, dès le printemps prochain (pour la plupart des bulbes), vous pourrez le replanter dans un terreau neuf.

CALENDRIER DE CULTURE

Mars > Achetez vos bulbes en magasin et prévoyez leur contenant ; mettez-les en place.

Avril > Arrosez en fonction de l'espèce choisie.

Mai > Suivez l'arrosage.

Juin > Arrosez régulièrement, apportez de l'engrais.

Juillet > Faites des bouquets de glaïeuls, de freesias…

Août > Arrosez.

Septembre > Coupez les hampes défleuries.

Octobre > Stockez vos bulbes au frais, hors gel et dans le noir, jusqu'au printemps prochain.

❖ Quelques variétés sympas

- **Dahlias** : quelle forme préférez-vous ? Les cactus, les décoratifs, les pompons, les nains ? Faites votre choix en fonction de la forme que vous aimez, de la hauteur et de la couleur.

- Au chapitre des **lis**, la variété 'Rubrum', rose et rouge, est très parfumée. Le lis de la Madone (*Lilium candidum*), blanc pur, est d'un parfum plutôt poivré.

- L'**arum d'Éthiopie**, aussi appelé arum des fleuristes, forme de grandes fleurs blanches en cornet, auxquelles vous pouvez préférer celles de l'arum de couleur.

- **Glaïeul** 'Zizanie', panaché de rouge sang et blanc pur, 'Rhapsody in blue', aux pétales fuchsia et blanc, 'Peter Pears', orange flamboyant.

FOCUS SUR L'ARUM

Description

L'arum est une très belle fleur à bulbe, qui existe en couleur ou en blanc. L'arum de couleur est plus délicat car gélif. L'arum blanc, *Zantedeschia aethiopica*, est rustique et se trouve plus facilement dans des zones humides, au bord des mares et autres étangs.

Les arums fleurissent abondamment. L'arum blanc développe de grandes feuilles vert foncé vernissées en forme de pointe de flèche. Les fleurs se composent d'une grande spathe blanc d'environ 20 cm, le spadice est jaune. La plante peut mesurer jusqu'à 80 cm à 1 m de haut. Les arums de couleur ont un port plus compact, un feuillage vert moucheté d'argent, des fleurs aux spathes de taille moyenne et aux coloris très diversifiés de rose, jaune, orangé, pourpre et lavande, parfois bicolores. Ils mesurent environ 50 cm de haut. Tous les arums fleurissent en vagues successives de mai-juin à septembre-octobre.

Technique culturale

En pot, les arums de couleur sont idéaux en raison de leur végétation compacte. Les arums blancs demandent de plus grands contenants. Les bulbes d'arums se plantent de mars à mai à 4 ou 5 cm de profondeur et avec environ 30 cm d'espace entre chaque bulbe. Préférez un terreau qui garde l'eau.

Placez vos plantes en exposition ensoleillée, mais non brûlante. Arrosez peu au début, puis régulièrement dès l'apparition des fleurs, jusqu'à la fin de la période de floraison. Apportez un engrais spécial fleurs pendant la floraison. Coupez les fleurs fanées au fur à mesure de leur apparition. En fin de saison, coupez toutes les feuilles jaunies, sortez le bulbe du pot, placez-le dans un endroit sec, sombre et hors gel pendant l'hiver. Vous pouvez aussi le laisser dans son pot, au sec et hors gel. Prévoyez un rempotage de terreau neuf tous les 2 ans.

Trucs & astuces

- Préférez des pots en plastique qui gardent plus facilement l'humidité dont les arums ont besoin pendant la saison pour se développer.
- Les arums sont superbes en fleurs coupées pour réaliser des bouquets très originaux.
- Avant l'hiver, prélevez une partie du rhizome et mettez-le en pot à l'intérieur : vous aurez des arums pendant l'hiver.

FOCUS SUR LE DAHLIA

Description

Le dahlia est originaire du Mexique. Il aime les expositions ensoleillées, chaudes et surtout abritées des grands vents. La famille est très grande : vous trouverez des petits sujets de 30 cm minimum, mais il existe aussi des dahlias pouvant mesurer près de 2 m de haut. Au balcon, préférez les sujets de 30 à 80 cm ; leur réussite sera totale en pot. Les fleurs apparaissent de juin aux premières gelées automnales, elles peuvent être en forme de boule, de pompon, de cactus, à fleur de nénuphar, à fleur de pivoine… Il y en a pour tous les goûts et pratiquement de toutes les couleurs, hormis le bleu foncé et le noir. Le feuillage est vert soutenu, caduc puisqu'il flétrit avec les premières gelées. La plante est généreuse ; profitez-en pour faire de jolis bouquets de fleurs coupées, car plus on coupe les dahlias, plus ils fleurissent.

Technique culturale

Dans un terreau riche et drainant, installez les tubercules à 10 cm de profondeur, en avril-mai. Pendant l'été, maintenez le terreau humide en arrosant au pied plutôt que sur le feuillage pour éviter les maladies. Paillez le pied avec de la paillette de chanvre pour limiter l'évaporation et ne laissez jamais d'eau stagnante dans la soucoupe. Apportez un engrais spécial fleurs tous les 15 jours, du mois de juin au mois de septembre. Au fur et à mesure de leur apparition, coupez les fleurs fanées. Dans les régions aux hivers rigoureux, placez vos pots de dahlia hors gel, dans une pièce sombre. Changez le terreau tous les 2 ans.

Trucs & astuces

- Pour obtenir une floraison précoce, dès le mois de mars, replacez vos pots de dahlias à la lumière, toujours hors gel.
- En saison, éboutonnez les dahlias pour obtenir des fleurs plus grandes.
- Le paillage de chanvre éloigne les limaces, qui adorent les boutons floraux des dahlias.
- La division des tubercules se fait au printemps, en les détachant les uns des autres.

FOCUS SUR LE GLAÏEUL

Description

Avec leurs longues hampes florales, les glaïeuls s'associent parfaitement avec d'autres plantes estivales puisqu'elles fleurissent de juin jusqu'aux premières gelées automnales. La plante est très florifère et sa notoriété de fleurs coupées n'est plus à faire. Avec une taille d'environ 1,50 m de haut, la plante offre la possibilité de créer des bouquets grandioses. En plus, le glaïeul propose toutes les couleurs de l'arc-en-ciel, unies ou dégradées. De quoi plaire à tout le monde. Il existe de nombreux hybrides de glaïeuls, certains aux grandes fleurs, aux tiges vigoureuses, d'autres à petites fleurs aux taches de couleurs vives, appelés aussi glaïeuls papillon, ou encore *Primulinus gladiolus*, cette variété particulière de glaïeul dont le pétale supérieur recouvre le pistil et les étamines de la fleur.

Technique culturale

Installez vos glaïeuls au printemps, après les gelées. Optez pour un terreau riche et drainant. Placez des billes d'argile recouvertes d'un feutre de jardin dans le fond du pot. Plantez les bulbes à 8 cm de profondeur. Exposez le contenant au soleil en situation chaude. Pendant la période estivale, maintenez le terreau humide, mais sans eau stagnante dans la soucoupe. Apportez un engrais spécial fleurs dès le mois d'avril et cessez l'apport d'engrais 1 mois après la floraison. Au fur et à mesure, supprimez les tiges fanées. En automne, une fois le feuillage séché, coupez-le et retirez les bulbes du terreau. Conservez-les à l'abri dans un endroit aéré, frais et sec. Si vous les laissez dans leur pot, positionnez ce dernier dans un lieu au sec et rempotez au printemps dans du terreau neuf.

Trucs & astuces

- Pour prolonger la production de fleurs, échelonnez les plantations tous les 15 jours de mars à avril.
- Pour créer des bouquets de glaïeuls, coupez les tiges lorsque les fleurs commencent à s'ouvrir, placez-les dans un vase rempli d'eau tiède avec de l'engrais pour fleurs coupées, et supprimez les boutons floraux supérieurs car ils ne s'ouvriront jamais.
- Tuteurez les grands glaïeuls qui plient sous le vent.

FOCUS SUR LE LIS

Description

Le lis, ou lys, est une plante herbacée du genre *Lilium*, qui compte de nombreuses espèces – il s'en crée tous les ans. Les grandes fleurs majestueuses sont très souvent parfumées et offrent des coloris variés allant du blanc pur au rouge foncé, et se déclinant dans des tons jaunes, roses, mauves et orange. Tachetées, mouchetées ou panachées, les fleurs ont des formes originales, au port dressé, latéral, pendant, en trompette, en coupe, plates et parfois étoilées. Chaque année, la plante développe une hampe florale de plusieurs fleurs, qui s'épanouissent les unes après les autres. La floraison a lieu de mai aux premières gelées automnales. On adore les lis en fleurs coupées pour de somptueux bouquets mais, cultivés en pot sur le balcon, ils font aussi leur petit effet. Les plus rustiques tiennent jusqu'à -20 °C, mais c'est variable en fonction de l'espèce choisie. Au balcon, préférez les petits et moyens sujets, car certains peuvent atteindre 2 m de haut et auront tendance à végéter dans un contenant.

Technique culturale

Installez vos lis au printemps, après les gelées. Optez pour un terreau riche et drainant, et placez des billes d'argile recouvertes d'un feutre de jardin dans le fond du pot. Plantez les bulbes à 10 cm de profondeur. Exposez le contenant au soleil ou à l'ombre légère. Pendant la période estivale, maintenez le terreau humide, mais sans eau stagnante dans la soucoupe. Apportez un engrais spécial fleurs de mai à septembre. Supprimez les fleurs fanées au fur et à mesure. En fin de saison, laissez le feuillage se faner et coupez-le au ras du bulbe une fois qu'il est complètement jaune. Placez votre contenant hors gel dans une pièce sombre. Changez le terreau tous les 2 ans. Multipliez vos bulbes au printemps, en divisant les petites bulbilles qui apparaissent autour du bulbe principal.

Trucs & astuces

- Les lis sont souvent attaqués par les pucerons. Placez des œillets d'Inde ou du basilic à proximité, car ces deux plantes éloignent les pucerons.
- Pendant la saison et si besoin, tuteurez les tiges de vos lis pour limiter une prise au vent trop importante.

GÉRANIUM

▲ Pelargonium 'Shiva'.

Faut-il encore le présenter ? Regardez autour de vous, il est en évidence sur tous les balcons et terrasses. C'est *the* plante *star of the* été. Et pour le réussir à la perfection, suivez le guide.

❖ Qui est vraiment le géranium ?

L'imposture est dénoncée : le géranium n'est pas le géranium ! Il fait bien partie de la famille des Géraniacées, mais son vrai nom est pélargonium. La différence est importante, puisqu'il existe effectivement des géraniums vivaces capables de tenir à l'extérieur alors que nos « géraniums » à nous, ceux que nous avons mis sur le balcon, sont nettement moins résistants : sous l'effet du vent, ils peuvent geler dès -5 °C.

La grande majorité des espèces de pélargoniums sont en effet originaires d'Afrique du Sud, une minorité de Nouvelle-Zélande ou d'Australie. Donc, tous ont l'habitude des terrains chauds et secs. Quelques-uns arrivent même à survivre en situation désertique, ce qui en dit long sur l'entretien de notre super star.

Notre géranium chouchou a tellement de succès que les jardiniers du monde entier ont eu à cœur de créer de nouvelles variétés, originales par leurs couleurs de fleurs ou leur feuillage parfumé. Le choix est immense, pour notre plus grand plaisir.

❖ Choisir un géranium

Si la température hivernale descend en dessous de 5 °C, il est nécessaire de rentrer votre plante à l'abri du gel.

En fonction de votre lieu de résidence, vous pourrez aller chercher votre plante fétiche pendant le mois d'avril ou en mai. Mais, prudence, les magasins proposent à la vente des

TRUCS & ASTUCES

• Si vous partez en vacances, n'hésitez pas à tailler vos géraniums aux extrémités, à éliminer les nouvelles fleurs et les bourgeons floraux. Les plantes reconstitueront leurs pousses en votre absence et vous aurez le spectacle d'une jolie floraison en rentrant. Mais vous pouvez aussi rester à la maison pendant l'été pour les surveiller… C'est une autre solution !

• Tout l'été, grattez la surface du pot pour bien aérer le terreau, pour limiter l'évaporation de l'eau. Un binage vaut deux arrosages !

géraniums dès le mois de mars, et comme la production n'est pas illimitée, plus le temps passe, plus le choix diminue. Achetez donc vos géraniums en magasin ou chez les producteurs dès le mois d'avril, et bichonnez-les à l'abri et à la lumière, en attendant les beaux jours.

Plus le pot est gros, plus la bouture a des chances de tenir la distance. Les premiers prix sont certes intéressants financièrement, mais les plants n'ont passé que peu de temps en godets ; leurs racines sont très fragiles, ils auront plus de mal à reprendre et il faudra redoubler de prudence pour les conserver. Lors de l'achat de vos plants, vérifiez qu'ils sont bien enracinés en sortant la motte du godet : vous devez apercevoir un nombre important de racines sur l'extérieur de la motte.

❖ Comment planter le géranium ?

Le choix du terreau est important : il doit être bien drainé, souple et aussi très riche. Vous pouvez faire votre préparation vous-même en ajoutant un tiers de compost bien décomposé au terreau de plantation.

Pour vos balconnières, choisissez des contenants profonds, d'au moins 35 cm. Utilisez un terreau pour géraniums que vous remplacerez chaque année. Plantez la motte après avoir retiré le godet et pris soin de défaire les racines. Tassez, et pour finir arrosez copieusement, mais ne laissez pas d'eau stagnante dans la soucoupe. Si les petites radicelles venaient à pourrir sous l'action de l'eau, votre géranium passerait de vie à trépas. Le pourrissement n'est jamais rattrapable.

Au printemps suivant, si vous avez gardé vos géraniums pendant l'hiver, sortez les plantes et ajoutez un terreau neuf, elles adorent ça. Le géranium est un gourmand, qui doit « manger » régulièrement.

L'apport d'engrais est lui aussi capital. Privilégiez les engrais biologiques et respectez scrupuleusement les quantités indiquées. Un excès d'engrais provoquerait des désagréments souvent irréversibles.

❖ Le suivi pendant la saison

Coupez les fleurs lorsqu'elles sont fanées, observez la plante et retirez aussi les feuilles abîmées. En la suivant régulièrement, vous aurez « l'œil vert » et vous comprendrez très vite ses besoins. Votre géranium est gourmand, et même glouton ! Un apport d'engrais liquide tous les 15 jours favorisera sa croissance. Respectez impérativement les doses indiquées par le fabricant, car un excès d'engrais pourrait lui brûler les racines.

Arrosez-le régulièrement, mais ne laissez pas d'eau stagnante dans la soucoupe. Laissez sécher le terreau entre deux arrosages. Même si les géraniums se contentent de terrains secs, le manque d'eau peut faire jaunir son feuillage. Pensez au petit pail-

▲ Pelargonium 'Weisz Koningin'.

lage en surface du pot en installant de la paillette de lin, des billes d'argile, ou mieux du mulch de cacao, qui en plus d'être déco, sent très bon.

Vous l'aurez compris, sortir les géraniums au bon moment, c'est capital. Laissez passer les 11, 12 et 13 mai, la fameuse période des saints de glace. Nos grands-parents ne mettaient pas un géranium dehors avant ces dates fatidiques. Ce n'est qu'un repère mais, dans tous les cas, si le gel venait à s'en mêler, la plante ne le supporterait pas du tout, au point d'éventuellement passer l'arme à gauche.

Ensuite, installez vos plantes en plein soleil dans un terreau riche et renouvelé chaque année. Il existe dans le commerce des terreaux enrichis prêts à l'emploi spécial géraniums. Il est nécessaire de rentrer les géraniums avant les premiers froids car ils ne passeront pas l'hiver en plein air. Heureusement pour nous, ils s'adaptent à un séjour en véranda de septembre à mai.

CALENDRIER DE CULTURE

Mars > Repérez les magasins les plus fournis ou faites votre choix sur catalogue.

Avril > Installez vos jardinières à l'abri du froid, en véranda ou autre lieu couvert à la lumière, préparez le terreau, plantez.

Mai > Attendez ! En fonction des régions, ne vous précipitez pas pour sortir vos potées.

Juin > Arrosez, grattez le sol, apportez de l'engrais… Les petites attentions commencent.

Juillet > Continuez le nettoyage et préparez vos géraniums pour les vacances.

Août > Vacances ! Installez du paillage, arrosez avant de partir et demandez à votre voisin de suivre l'arrosage.

Septembre > Petite toilette dès votre retour, avec un peu d'engrais en prime.

Octobre > Nettoyez vos géraniums et prévoyez leur place dans la véranda ou au garage en situation lumineuse.

Novembre > Ils sont à l'abri ; arrosez une fois par mois en attendant le printemps.

Mars > Retaillez vos géraniums en éliminant les feuilles jaunies, renouvelez le terreau en surface ou procédez à un rempotage avec du terreau neuf.

❖ Quelques variétés sympas

Il existe trois grandes « familles » de géraniums.

- Les **variétés simples** sont retombantes avec une fleur simple, c'est le cas de 'Roi des balcons'.
- Chez les **variétés doubles**, les feuilles sont épaisses, les plantes retombent moins et la fleur est double.
- Les **géraniums droits**, qu'on appelle aussi **zonales**, sont des plantes de massif. Ils sont droits, ne retombent pas, la fleur peut être simple ou double, le feuillage est parfumé.
- Les **pélargoniums** des fleuristes, un peu moins connus, font pourtant partie de la famille. Leur fleur est légèrement différente. Ils sont moins florifères, mais tout aussi charmant.

Dans chacune de ces catégories, il existe de nombreuses variétés avec des fleurs aux coloris très différents. On compte une très grande diversité de géraniums.

La famille est grande, mais ils sont tous cousins et ont tous les mêmes besoins. Pas bien compliqué à gérer, c'est ce qui explique le succès du géranium.

GRIMPANTES

▲ *Lonicera gracilipes.*

Reines des jardins verticaux, les plantes grimpantes vont tapisser le balcon. Pour une déco éphémère ou permanente, elles sauront vous séduire par leurs formes parfois très originales et leurs couleurs flamboyantes.

❖ À l'assaut des cimes

Ces plantes sont idéales pour cacher un mur un peu désuet, habiller une palissade nue ou apporter un décor aérien.

Le choix est vaste : avec un feuillage persistant ou caduc, des fleurs, des fruits, un feuillage automnal chatoyant, un parfum envoûtant, pour une saison ou plusieurs années, pour un balcon exposé plein soleil ou plutôt ombragé… Ce sont toutes ces possibilités que vous proposent les plantes grimpantes. Certaines vont s'agripper toutes seules par le biais de petits crampons ou de ventouses, mais n'ayez crainte, votre mur ne sera pas abîmé. D'autres devront être conduites et attachées à une palissade, un grillage ou un support.

Vous les connaissez : bignone, thunbergia, bougainvillée, clématite, lierre, houblon, jasmin, chèvrefeuille, vigne vierge ou encore passiflore sont les plus appréciées. Chacune aura son propre traitement, sa particularité bien à elle, mais ce sont des plantes généreuses et peu contraignantes côté entretien. Toutefois certaines gèlent, comme la bignone ou la bougainvillée, et il est délicat de les cultiver dans les régions aux hivers rigoureux.

Quand vous aurez trouvé la plante idéale, parfaite pour votre déco et l'exposition de votre balcon, vous ne regretterez pas de l'avoir installée à demeure.

❖ Choisir une grimpante

Les plantes grimpantes sont vendues en pots avec leur motte. On les trouve dans les rayons jardin pratiquement tout au long de l'année, mais installez-les de préférence à l'automne afin de faciliter leur enracinement. Certaines espèces comme les cobées et les thunbergias (suzanne-aux-yeux-noirs) sont vendues sous forme de graines. Semez-les au printemps.

Le choix de votre grimpante vous est propre, à vous et à votre balcon. Vous voulez des fleurs ? Clématite, bignone, bougainvillée, thunbergia sont pour vous. Un mur végétal ? Le lierre, la vigne vierge ou le houblon seront parfaits. Du parfum ? Chèvrefeuille ou jasmin. Des fruits ? La passiflore donne les fruits de la passion.

Étudiez bien les conditions d'installation de votre plante et si votre balcon répond à tous ses besoins, n'attendez pas plus longtemps.

TRUCS & ASTUCES

- Installez vos plantes grimpantes parfumées près d'une fenêtre ou d'une porte. Vous profiterez ainsi mieux de leurs effluves jusque dans la maison. Petit bémol pour le chèvrefeuille qui attire beaucoup d'insectes butineurs.
- Les passiflores pourront donner des fruits si elles sont placées en plein soleil. Mais, en dehors des régions méditerranéennes ou atlantiques, il sera quasi impossible d'en récolter. Avoir la fleur est déjà tout un spectacle.
- Les fruits du houblon sont uniquement portés par les pieds femelles.

❖ Comment planter les grimpantes ?

Les grimpantes s'adaptent facilement à une culture en bac. Choisissez le contenant adéquat en fonction de leur taille : un bac profond, de 40 cm de hauteur au moins.

Prévoyez un bon terreau et remplissez votre bac aux trois quarts de sa hauteur. Retirez le pot en plastique de la grimpante puis, à l'aide d'une griffe, grattez les racines de la motte pour les aérer et les aider à bien s'installer. Placez la motte de votre plante dans le centre du bac, légèrement inclinée vers le mur ou le grillage. La partie la plus haute de la motte doit se trouver 2 ou 3 cm sous le rebord du bac. Ajustez en conséquence en rajoutant ou retirant du terreau sous la motte. Une fois l'ajustement en hauteur effectué, remplissez les espaces vides sur les côtés avec du terreau. Tassez et arrosez. Ne laissez jamais d'eau stagnante dans la soucoupe.

Si votre plante doit être attachée, liez les tiges existantes au moment de sa mise en place, avec du raphia ou de la corde de sisal. Pour les plantes à crampons ou ventouses, laissez faire la nature et le temps.

Pour les semis, en mars, remplissez des petits godets de terreau. Placez 2 graines par godet, recouvrez de terreau, tassez et arrosez. Installez les godets dans une pièce chaude et lumineuse. Lorsque les tiges auront 5 cm de haut, transplantez les jeunes sujets dans les potées prévues.

❖ Le suivi pendant la saison

Pensez à arroser régulièrement, en laissant sécher le terreau entre deux apports d'eau. Selon l'espèce choisie, la plante supportera plus ou moins le manque d'eau. Suivez les instructions préconisées à l'achat. Et pensez à retirer l'eau stagnante de la soucoupe.

Pour la taille, retenez ce principe : les plantes à floraison printanière se taillent juste après la floraison, celles

▲ Clématite jackmanii 'Snow queen'.

à floraison estivale se taillent en hiver. De mai à septembre, apportez de l'engrais universel pour les sujets à feuilles et un engrais spécial fleurs pour les grimpantes fleuries. Une plante se développe mieux lorsqu'elle se nourrit correctement et sans excès. Suivez bien les doses prescrites par le fabricant, ni plus, ni moins.

Certaines espèces, comme la passiflore et la bougainvillée, doivent être protégées du froid. En dehors des régions méditerranéennes, rentrez-les en hiver. Les bignones doivent être plantées en situation protégée et à l'abri du vent. D'autres, comme les cobées ou les thunbergias, disparaîtront définitivement dès les premières gelées. Vous devrez les semer chaque année.

Au printemps, pour toutes les plantes en pots, faites un surfaçage : retirez la première couche de terreau et remplacez-la par du terreau neuf.

❖ Quelques variétés sympas

- Bignone (*Bignonia capreolata*) 'Atrosanguinea' : fleurs pourpre foncé.
- Clématite (*Clematis lanuginosa*) 'Nelly Moser' : à grandes fleurs.
- Lierre (*Hedera helix*) 'Aureovariegata' : panaché de jaune.
- Chèvrefeuille (*Lonicera* x *heckrottii*) : très odorant.
- Vigne vierge (*Parthenocissus henryana*) : feuilles pourpres.
- Passiflore (*Passiflora edulis*) : fleurs roses.

CALENDRIER DE CULTURE

Septembre > Achetez votre plante grimpante, prévoyez son contenant et le terreau ; mettez-la en place.

Octobre > Arrosez en laissant sécher le terreau entre deux apports d'eau.

Novembre > Prévoyez une protection hivernale ou rentrez la plante en véranda.

Décembre > Arrosez avec parcimonie. Une taille à faire ?

Mars > Faites un surfaçage pour les arbustes, semez les graines.

Avril > Arrosez.

Mai > Arrosez, apportez de l'engrais.

Juin > Profitez du spectacle.

Juillet > Arrosez, apportez de l'engrais, profitez.

Août > Arrosez, profitez toujours.

▲ *Clematis aromatica.*

FOCUS SUR LA BIGNONE

Description

La bignone est une plante grimpante qui peut atteindre 6 à 10 m de haut. Sa floraison a lieu d'août à octobre, pour les espèces les plus tardives. Elle aime le soleil et supporte aussi le froid, mais seulement jusqu'à -15 °C. La plante est parfaite pour couvrir un mur disgracieux, des constructions peu esthétiques, ou encore pour garnir une pergola, un treillage, pourvu que l'exposition soit ensoleillée. Cette plante liane s'accroche à son support grâce à ses crampons ; il est préférable de prévoir un support solide. Certaines variétés ont besoin d'être palissées, car leurs crampons ne sont pas assez nombreux ou pas assez forts. La plante développe des fleurs en trompette de 8 à 10 cm de long, de couleur jaune, orange, orange vif à rouge. Son feuillage est caduc.

Technique culturale

La bignone aime être au soleil et avoir très chaud. Installez-la au printemps contre un mur orienté plein sud ou à l'ouest, abritée des grands froids. Dans les régions à climat doux, elle tolère la mi-ombre. Prévoyez un pot de grande capacité et un terreau drainant. Disposez des billes d'argile dans le fond du bac et recouvrez-les d'un feutre de jardin. Inclinez la motte de la plante vers son futur support. La bignone aime avoir le pied au frais ; placez une planchette sur le pied pour lui fournir l'ombre nécessaire pendant la belle saison. Arrosez régulièrement en été pour garder le terreau humide, mais sans eau stagnante dans la soucoupe ; le mieux est de surélever le pot dès l'installation. En hiver, protégez son pied des grosses gelées avec du paillage. En mars, supprimez les branches mortes, cassées et gênantes, et dégagez le centre de la plante pour lui apporter de la lumière.

Trucs & astuces

La bignone peut souffrir d'une attaque d'oïdium. Diluez dans de l'eau 1/10e de lait écrémé et pulvérisez pour vous débarrasser de la maladie.

FOCUS SUR LE CHÈVREFEUILLE

Description

Originaires d'Europe et d'Asie, les chèvrefeuilles sont des arbustes grimpants aux lianes volubiles qui s'enroulent autour d'un support : ils habillent des murs, des treillages, des pergolas… Certaines espèces sont particulièrement vigoureuses et développent des tiges de presque 5 m de haut. Les fleurs de couleur blanche, rose, jaune ou rouge, abondantes et délicieusement parfumées, se développent de mai à octobre, puis donnent des baies rouges. Le feuillage peut être caduc ou persistant, uni ou panaché selon l'espèce. La plante supporte des températures jusqu'à - 20 °C pour les espèces les plus rustiques.

Technique culturale

Préférez installer la plante au printemps, en dehors des périodes de gel. Prévoyez un contenant assez grand. Placez des billes dans le fond du pot, recouvrez-les d'un feutre de jardin, puis versez du terreau de plantation. Positionnez votre plante avec le pied à l'ombre et la tête au soleil, mais non brûlant. Prévoyez son support ; les chèvrefeuilles s'enroulent facilement autour d'un treillage. Le terreau doit rester frais, même en été. Suivez l'arrosage, mais ne laissez jamais d'eau stagnante dans la soucoupe. Pensez au paillage pour maintenir l'humidité et limiter l'évaporation de l'eau. Apportez un engrais chaque année, au printemps.

Aucune taille n'est nécessaire, mais si le besoin se fait sentir de rééquilibrer la plante ou de couper des rameux gênants, procédez après la floraison. Si la taille doit être sévère, pratiquez en fin d'hiver en dehors des gelées.

Trucs & astuces

- Plantez le chèvrefeuille à proximité d'un lieu de passage, vous profiterez des effluves de son parfum délicat.
- L'oïdium est la principale maladie du chèvrefeuille : arrosez au pied de la plante et non pas sur les feuilles, ceci pour limiter la propagation de la maladie.
- En cas d'attaque de pucerons, placez des œillets d'Inde à proximité de votre chèvrefeuille.

FOCUS SUR LA CLÉMATITE

Description

La clématite est une plante grimpante qu'il faut palisser. Elle ne possède pas de crampons ; c'est le pétiole de sa feuille qui s'enroule et s'accroche à une pergola, un poteau, un grillage. Pour décorer un mur, pensez à lui installer un treillage à 10 cm du mur pour laisser circuler l'air. Elle peut aussi grimper à un arbre, un arbuste ou une haie. Elle tient bien en bac et, là aussi, pensez à la palisser. Il existe des clématites à petites fleurs, d'autres à grandes fleurs. La plante propose nombre de fleurs aux coloris bleus, roses, rouges, violets, blancs et même noirs, en forme de cloche ou en étoile.

Technique culturale

Retenez le principe à appliquer aux clématites : tête au soleil et pied à l'ombre. Installez-la en plein soleil, et placez une planchette ou une tuile sur le pied. Prévoyez un contenant assez grand, des billes d'argile à placer dans le fond du pot et à recouvrir d'un feutre de jardin. Optez pour un mélange de terreau de plantation avec de la terre de bruyère. À la plantation, inclinez la motte vers son support et enterrez la tige de 10 cm. En saison, arrosez en laissant sécher le terreau entre deux apports d'eau, pas d'eau stagnante dans la soucoupe. Selon la catégorie à laquelle appartient la clématite, la taille sera radicale ou sélective.

La taille radicale concerne les clématites herbacées et les ligneuses à floraison estivale. Taillez en février-mars en coupant la touffe à 40 cm au-dessus du sol.

La taille sélective concerne les clématites ligneuses qui fleurissent entre avril et juin et celles qui fleurissent deux fois dans l'année. Coupez les tiges mortes ou cassées, puis coupez une tige sur deux en gardant les plus jeunes.

Trucs & astuces

Pour protéger votre clématite des gelées hivernales, paillez le pied avec des feuilles sèches, de la paille ou des paillettes de chanvre ou de lin.

FOCUS SUR LE LIERRE

Description

Le lierre d'Irlande ou lierre hibernica (*Hedera hibernica*) est le lierre grimpant le plus utilisé. Il possède des feuilles larges d'un vert foncé brillant, persistantes. La plante est grimpante ou rampante à tige ligneuse et peut se développer jusqu'à 10 m. Ce sont ses crampons, des pseudo-racines, qui font office de ventouses et qui vont lui permettre de grimper sur des supports verticaux ou horizontaux. Sa croissance est plutôt rapide. La plante préfère les endroits ombragés, mais supporte la mi-ombre. La floraison est automnale. Les fleurs petites, verdâtres, sont composées de 5 pétales et donnent naissance à des baies rondes de couleur noire, orange ou jaune. Un peu envahissante, la plante s'immisce dans tous les recoins. Certains cultivars ne s'accrochent pas ou forment un arbuste, d'autres ont un feuillage panaché ou des feuilles virant au pourpre. Sa rusticité va jusqu'à -20 °C.

Technique culturale

Préférez l'installer au printemps, hors périodes de gel, dans un terreau de plantation. Placez le contenant en exposition ombragée. Apportez un amendement organique à la plantation. Toute l'année, suivez l'arrosage en laissant sécher le terreau entre deux apports d'eau, ne laissez pas d'eau stagnante dans la soucoupe. La taille peut s'effectuer à n'importe quel moment pour limiter son développement dans les endroits encombrés, sinon procédez de préférence en mars à la reprise de la végétation. Coupez les tiges cassées ou mortes en priorité, puis taillez le vieux bois.

Trucs & astuces

- En hiver, les baies du lierre font la joie des oiseaux qui les mangent, mais attention, les baies sont toxiques pour l'homme !
- Le lierre est une plante mellifère ; avec sa floraison tardive, elle offre de la nourriture aux insectes pollinisateurs en fin de saison.

FOCUS SUR LA PASSIFLORE

Description

Cette magnifique plante grimpante est aussi appelée fleur de la passion. Ces longues tiges volubiles de 5 à 10 m de long développent des fleurs divisées en trois lobes qui apparaissent de mai à octobre. Prévoyez-lui un support : un mur, un treillis, ou mieux une pergola. La plante aime le soleil et ne supporte pas les températures négatives ; il faudra prévoir un hivernage pour les plantes cultivées dans les régions aux hivers rigoureux. La passiflore, la fleur, est remarquable par la taille des éléments qui la constituent : étamines, pistil et stigmate. Les coloris proposés sont pourpre, rouge, rose, bleu, mauve, violet et blanc. Après la floraison apparaissent les fruits appelés fruits de la passion. Ils sont charnus, de couleur jaune-orangé et sont comestibles, mais leur formation demande un climat doux en hiver.

Technique culturale

Préférez installer votre végétal au printemps en dehors des périodes de gel. Plantez votre passiflore dans un terreau de plantation, après avoir placé des billes dans le fond du pot, puis les avoir recouvertes d'un feutre de jardin. Positionnez le support vertical de votre choix. Tout au long de l'année, arrosez régulièrement votre passiflore en laissant sécher le terreau entre deux apports d'eau, et ne laissez jamais d'eau stagnante dans la soucoupe. Supprimez les fleurs fanées au fur et à mesure de leur apparition. La taille se pratique après la floraison pour limiter sa végétation, en réduisant les rameaux de l'année de moitié. L'hiver, paillez le pied pour assurer sa protection ou hiverner votre plante si les hivers sont trop rigoureux.

Trucs & astuces

La passiflore se bouture très facilement ; pratiquez un bouturage durant l'été.

Pour faire une infusion de passiflore : prélevez 20 g de boutons floraux de passiflore, laissez-les infuser pendant 20 minutes dans 1 litre d'eau bouillante. Consommez une tasse le soir une heure avant le coucher : l'infusion de passiflore calme la nervosité et favorise le sommeil.

FOCUS SUR LA VIGNE VIERGE

Description

La vigne vierge, cette belle plante grimpante, développe un feuillage vert brillant qui, à l'automne, se pare de couleurs chatoyantes jaunes, orange et rouges. Elle apporte aux façades, aux murs des maisons, mais aussi aux pergolas une décoration majestueuse et flamboyante. Son feuillage est caduc, il tombe en hiver. La plante possède des petits coussinets adhésifs sur ses vrilles, ce qui leur permet de s'accrocher à tous les supports verticaux, sans les abîmer. Elle peut monter jusqu'à 20 m de haut et supporte les expositions ensoleillées ou à la mi-ombre. Une très légère floraison a lieu en juin-juillet. La vigne vierge est un véritable écosystème où les oiseaux, lézards et insectes trouvent refuge pendant l'hiver.

Technique culturale

Optez pour une plantation au printemps ou à l'automne, mais en dehors des périodes de gel. Plantez votre vigne vierge dans un terreau de plantation. Au préalable, placez des billes d'argile dans le fond du pot et recouvrez-les d'un feutre de jardin. Positionnez le support vertical de votre choix. Installez le contenant à la mi-ombre ou au plein soleil. Arrosez en laissant sécher le terreau entre deux apports d'eau, ne laissez jamais d'eau stagnante dans la soucoupe. La plante est très rustique, elle convient à tous les climats, et n'est sensible à aucune maladie. Taillez régulièrement si elle devient envahissante, sinon la taille se fait en mars avant le démarrage de la végétation.

Trucs & astuces

Attention, après la floraison apparaissent les baies noires. Si elles sont malencontreusement ingurgitées, ces baies entraînent des troubles digestifs et peuvent provoquer des vomissements. Surveillez les enfants.

IMPATIENCE

▲ *Impatiens Novea-Guinea Paradise* 'Moyo' et 'Cabano'.

Les impatiences, ces sympathiques plantes de l'ombre. On les suppose d'abord discrètes, mais dès leur floraison, leur double jeu ne fait plus aucun doute : de l'ombre, c'est elles qui en font aux autres plantes !

❖ Histoires d'impatience

Originaire d'Afrique tropicale, cette petite plante existe en plus de 700 variétés. C'est une plante annuelle qu'il vous faudra changer chaque année, car elle ne supporte pas la moindre gelée. Et gelée, pour elle, entendez par là que notre frileuse passera de vie à trépas dès que le thermomètre frôlera les 10 °C.

Sa petite contradiction à elle réside dans le fait qu'elle ne supporte donc pas du tout le froid, mais qu'elle ne tolère pas davantage le soleil. Cette petite particularité un peu complexe à gérer devient un réel atout tant sa générosité et l'abondance de sa floraison vont vous enchanter. Alors, pour que votre impatience donne le meilleur d'elle-même, acceptez sa singularité et installez-la à la mi-ombre et même à l'ombre. De mai à octobre, vous allez adorer ses fleurs blanches, roses, rouges ou mauves, qu'elles soient simples ou doubles. Les filles de l'ombre étincelleront de toute leur luminosité, rien que pour votre plus grand bonheur.

❖ Choisir une impatience

Annuelle par excellence, l'impatience divise la France en deux : le nord de la Loire où elle sera installée fin mai, et le sud de la Loire où vous pouvez la planter dès avril. C'est dame météo qui va définir le bon moment de transplantation. L'impatience se gèle les racines dès 10 °C (10 °C au-dessus de zéro, pas -10 °C), donc soyez vigilants et guettez les programmes météorologiques.

Vous trouverez les impatiences dès le mois de mars dans vos commerces spécialisés. Choisissez selon vos goûts ! La plante ne dépasse pas 30 à 40 cm de haut, mais vous aurez différents choix de couleurs de fleurs, ces dernières pouvant être simples ou doubles. Il existe de vraies originales dans le genre comme l'impatience de Nouvelle-Guinée, ou l'impatience de Zanzibar appelée aussi niam-niam. Les amoureux de ces belles d'ombre seront comblés par leur beauté exotique.

❖ Comment planter l'impatience ?

L'exposition est capitale. Même s'il existe aujourd'hui quelques impatiences tolérant le soleil, c'est à l'ombre que tout se joue.

La plante aime les terrains frais. L'arrosage sera donc aussi un point important à suivre. Mais l'impatience n'est pas une plante aquatique et l'excès d'eau peut entraîner le pourrissement des tiges, puis le noircissement et pour finir la mort de la plante. Toutefois, puisque la plante est placée à l'ombre, elle ne subira pas l'évaporation due au soleil et le suivi de l'arrosage pourra être plus facilement géré.

Pour vos balconnières, préférez un terreau pour plantes fleuries. Choisissez des contenants d'au moins 35 cm de profondeur. Une fois le terreau en place, retirez avec soin le godet en plastique de vos plants d'impatience et veillez à défaire délicatement les racines. Creusez un trou de la taille du godet dans le terreau, placez la petite motte et tassez. Arrosez copieusement, mais veillez bien à ne pas laisser d'eau stagnante dans la soucoupe : videz celle-ci systématiquement.

▲ Impatiens double 'Musica Fine Purple'.

❖ Le suivi pendant la saison

Le terreau doit toujours être frais ; le suivi de l'arrosage est la meilleure façon de s'assurer de belles floraisons.

Cette petite plante généreuse va vous réjouir tant sa floraison est abondante, mais il n'est pas interdit de donner à votre impatience un petit coup de main. Avec les lessivages dus à l'arrosage, le terreau peut à un moment manquer de nutriments, et sans les oligoéléments et autres éléments nutritifs nécessaires à son développement, votre plante risque de manquer de vigueur. Pas de nourriture, pas de développement, donc moins ou pas de fleurs. Alors, n'hésitez pas à lui apporter un peu d'engrais liquide spécial fleurs tous les 15 jours, qui l'aidera à continuer sa croissance

TRUCS & ASTUCES

- Si vous prenez des congés pendant les mois d'été, arrosez copieusement avant de partir et paillez le substrat. Le paillage va garder le sol frais et limitera l'évaporation de l'eau. Préférez la paillette de chanvre, le mulch de cacao ou même les billes d'argile.
- Si vous n'avez pas d'endroit très ombragé, placez vos impatiences en situation exposée au nord. Le sud étant le plus ensoleillé, le nord est au contraire le moins ensoleillé et donc le plus adapté pour votre végétal.

et surtout à développer sa floraison. Les produits utilisables en agriculture biologique sont plus respectueux de l'environnement, néanmoins respectez impérativement les doses indiquées par le fabricant. Le manque d'engrais peut affaiblir votre plante, mais l'excès d'engrais est nocif car il pourrait brûler les racines.

Retirez les fleurs et les feuilles mortes.

❖ Quelques variétés sympas

- *Impatiens walleriana* : tiges charnues, feuilles ovales crénelées et pointues, fleurs larges, abondantes et munies d'un long éperon. Les très nombreuses variétés se distinguent par la forme et le coloris des fleurs : rose, rouge, saumon, orange, blanc.

- Impatience de Nouvelle-Guinée (*Impatiens* x *novae-guinea*) : tiges ramifiées, feuilles ovales de couleur vert foncé, vernissées et souvent panachées de jaune ou de brun. Grandes fleurs roses, rouges, violet et blanc.

- *Impatiens balsamina* : fleurs en forme de casque grec ou en cocarde quand elles sont doubles. Port dressé avec des feuilles comme sur un petit palmier.

- *Impatiens balfouri* : c'est l'impatience sauvage. Ses fleurs bicolores blanc et violet, très voyantes, indiquent les coins humides.

▲ *Impatiens glandilufera.*

CALENDRIER DE CULTURE

Mars > Repérez vos impatiences en magasin ou faites votre choix sur catalogue.

Avril > Au nord de la Loire, installez vos jardinières à l'abri du froid. Au sud de la Loire, installez-les au balcon en situation ombragée.

Mai > Au nord de la Loire… attendez la fin des gelées.

Juin > Arrosez, apportez de l'engrais.

Juillet > Retirez les feuilles et fleurs abîmées, arrosez.

Août > Arrosez juste avant de partir en vacances, paillez le terreau.

Septembre > Petite toilette de retour ; un peu d'engrais.

Octobre > Arrachez vos impatiences, elles sont bonnes pour le compost.

▲ *Nerium oleander* rose.

LAURIER-ROSE

Le laurier-rose, c'est l'arbuste chouchou du pourtour méditerranéen. Là-bas, il pousse comme on respire et déploie des fleurs magnifiques aux couleurs vives et aux fragrances envoûtantes. Toute la Méditerranée en une plante !

❖ Un laurier peut en cacher un autre

Le laurier-rose est un arbuste de 2 à 5 m de haut, originaire de la rive sud de la mer Méditerranée. Ses feuilles vertes allongées sont persistantes, mais sa vraie valeur, son nec plus ultra, c'est sa floraison. De juin à octobre, des bouquets de fleurs simples ou doubles s'épanouissent en abondance. Le spectacle est garanti, et quand le parfum s'en mêle, c'est l'apothéose. C'est une plante du Midi qui, dès -5 °C, va souffrir et peut-être même dépérir en raison du froid. Alors dans les régions aux hivers rigoureux, même quand on possède un jardin, il faut impérativement cultiver ce frileux en bac. Pour les détenteurs de balcon, vous installerez votre végétal dans un contenant assez profond : 50 cm, c'est l'idéal. Il faudra quand même penser à rentrer votre laurier-rose en situation hors gel pendant toute la période hivernale. Vous pourrez le sortir dès que les gelées ne seront plus à craindre.

Au balcon, le laurier-rose est un atout incontestable : fleurs à foison, parfum et ambiance du Sud. Il existe des variétés naines qui conviennent parfaitement à la culture en pot, surtout si vous n'avez pas la possibilité d'utiliser de gros contenants. Quelle que soit sa taille, le laurier-rose demande le plein soleil, exclusivement le plein soleil.

Attention, ce végétal est aussi beau qu'il est toxique, feuilles comprises, alors n'allez surtout pas le confondre avec le laurier-sauce !

❖ Choisir un laurier-rose

Les lauriers-roses sont vendus en pots avec leur motte. On les trouve dans les rayons jardin pratiquement tout au long de l'année, mais préférez installer le vôtre à l'automne pour faciliter son enracinement.

Le choix de la variété est fonction de vos préférences, en termes de couleur notamment. Vous voulez des fleurs jaunes, blanches, roses, saumon, rouges ou encore bicolores ? Avec ou sans parfum prononcé ? Car certaines variétés sont plus parfumées que d'autres.

Si vous avez déjà beaucoup de plantes aux couleurs chaudes (jaune, orange, rouge), restez plutôt dans les même tons ou bien ajoutez des couleurs neutres (le blanc, par exemple). Si vous avez beaucoup de couleurs froides (bleu, rose), préférez rester dans les teintes de violet-rosé ou ajoutez là encore du neutre, le blanc. Ceci pour éviter l'effet arlequin dont on se lasse très rapidement.

❖ Comment planter le laurier-rose ?

Les lauriers-roses s'adaptent facilement à une culture en bac, surtout si vous préférez les variétés naines. Choisissez un pot profond, d'une hauteur de 40 cm au moins. Prévoyez un bon terreau bien drainant, des billes d'argile et du feutre de jardin. Disposez une épaisseur de billes d'argile correspondant au dixième de la hauteur du bac, puis couvrez-la de feutre de jardin pour éviter l'écoulement du terreau lors des arrosages. Remplissez votre bac de terreau aux trois quarts de sa hauteur. Retirez le pot en plastique de la plante puis, à l'aide d'une griffe, grattez les racines de la motte pour les aérer et les aider à bien s'installer. Placez la motte au centre du bac ; le dessus doit se trouver 2 ou 3 cm sous le rebord du bac. Ajustez en conséquence en ajoutant ou retirant du terreau sous la motte. Une fois l'ajustage en hauteur effectué, comblez les espaces vides sur les côtés avec du terreau. Tassez et arrosez copieusement.

Votre végétal est une plante du Midi, qui aime les situations chaudes et ensoleillées. L'eau stagnante est à proscrire impérativement, pensez à vider la soucoupe régulièrement.

❖ Le suivi pendant la saison

Pensez à arroser régulièrement, en laissant sécher le terreau entre deux

▲ *Nerium oleander* blanc.

TRUCS & ASTUCES

- Le laurier-rose est souvent la proie des cochenilles. Ces petits insectes immobiles suceurs de sève forment des amas cotonneux et collants. Il existe des huiles naturelles à pulvériser contre ces parasites.
- Les pucerons aiment aussi les lauriers-roses. Placez des œillets d'Inde ou du basilic à proximité de votre végétal : l'odeur de ces plantes les éloignera à coup sûr.
- Si vous avez des enfants et des animaux de compagnie, veillez à ce qu'ils n'avalent jamais par mégarde une fleur ou une feuille de laurier-rose. La toxicité de la plante est redoutable.

apports d'eau. En période très sèche, les arrosages devront être copieux. Cependant, ne transigez pas sur le fait d'éliminer systématiquement l'eau stagnante de la soucoupe.

Votre laurier-rose va donner beaucoup de fleurs, et en plus il est très gourmand. Pendant toute sa période de floraison, de mai à septembre, apportez-lui de l'engrais spécial fleurs. Respectez bien les doses prescrites par le fabricant. Attention, trop d'engrais pourrait nuire à la plante au point de la faire dépérir.

Dans les régions aux hivers rigoureux, dès octobre, rentrez votre laurier-rose au frais, entre 5 et 10 °C, dans un endroit assez lumineux, avec des arrosages réduits.

CALENDRIER DE CULTURE

Septembre > Achetez votre laurier-rose et prévoyez son contenant, le terreau, les billes d'argile et le feutre.

Octobre > Dans les régions aux hivers rigoureux, rentrez votre végétal en véranda.

Novembre > Réduisez les arrosages.

Décembre > Arrosez avec parcimonie.

Mars > Coupez de moitié les rameaux vigoureux. Faites un surfaçage.

Avril > Arrosez.

Mai > Arrosez, apportez de l'engrais.

Juin > Profitez du spectacle.

Juillet > Arrosez, apportez de l'engrais, profitez.

Août > Arrosez, profitez toujours.

Au printemps, il vous faudra effectuer une taille. Respectez la forme de l'arbuste et coupez de moitié les rameaux qui se développent avec trop de vigueur.

Si votre laurier-rose, malgré vos bons soins, a subi une gelée, pour le sauver il ne faudra pas hésiter à rabattre très fortement la touffe au ras du sol, ou plutôt au ras du terreau. L'arbuste repartira alors peut-être du pied. Après cette taille printanière, faites un surfaçage en retirant la première couche de terreau et en la remplaçant par du terreau neuf.

▲ *Nerium oleander* 'Hardy Red'.

❖ Quelques variétés sympas

Voici quelques variétés de *Nerium oleander* :

- 'Otalia' : rouge vif.
- 'Splendens Foleis Variegatus' : feuillage panaché.
- 'Géant des Batailles' : rouge rayé de blanc, très parfumé.
- 'Provence' : très parfumé.
- 'Margharita' : très rustique.
- 'Petite Salmon' : variété naine.
- 'Madame Allen' : fleurs doubles roses, parfumées.
- 'Luteum Plenum' : grandes fleurs jaunes.

▲ Lavande papillon.

LAVANDE

C'est avec le chant des cigales qu'on l'imagine se balancer au gré du mistral. Mais la lavande ne se cultive pas seulement dans le Midi. Et c'est tant mieux, parce que cette plante nous rappelle des souvenirs d'enfance.

❖ Lavande... la vie en bleu

La lavande est un arbrisseau de 50 cm à 1 m de haut, originaire du sud de l'Europe. Elle est vivace mais craint sérieusement les gelées, même si aujourd'hui certaines variétés sont plus rustiques. Compte tenu de ses origines, la plante préfère les situations très ensoleillées et chaudes, voire sèches. Elle est très facile d'entretien et ne demande pas grand-chose en termes de conditions culturales.

La floraison intervient en été, la plante se couvrant alors d'une multitude de petites fleurs bleues groupées en épis. C'est à ce moment que l'on profite de son parfum aux effluves floraux si reconnaissables. Le feuillage de la lavande est persistant mais séchera avec les gelées ; la repousse aura lieu dès le printemps. Au même titre que les fleurs, le feuillage joue un rôle décoratif intéressant puisqu'il est de couleur vert-gris aux reflets argentés, ce qui n'est pas commun.

Tout le monde connaît le parfum de cette plante, même sans avoir jamais habité le sud de la France. Nous avons tous en tête ces paysages superbes de Provence avec des champs d'un bleu intense à perte de vue. Et nous avons tous aussi une grand-tante qui se parfumait à la lavande, une grand-mère qui glissait un petit sac de lavande séchée sous la pile de draps ou encore un oncle qui prenait un malin plaisir à cacher ses bonbons au miel de lavande, que l'on débusquait toujours.

▲ Lavande 'Little Lotties'.

TRUCS & ASTUCES

• La lavande est aussi une fleur comestible. Elle se déguste en crème, glace, sirop, sorbet, confiserie, mais aussi en infusion. N'hésitez pas à l'utiliser fraîche. Pour profiter de ses propriétés calmantes et digestives, faites infuser les fleurs et les feuilles.

• Faites sécher quelques tiges fleuries, puis garnissez-en de petits sacs pour parfumer le linge… comme mamie !

• Le parfum est le point fort de la lavande. Il vous attire… et il repousse les pucerons qui, eux, ne sont pas fans de ses effluves. Profitez-en et placez votre lavande près des rosiers.

❖ Choisir une lavande

Les lavandes sont présentes dans les rayons jardin presque toute l'année. Elles sont proposées en pots, vous pouvez donc les installer en toute saison en dehors des périodes de gel. Elles se trouvent facilement dès l'automne, mais aussi au printemps. Préférez la plantation au printemps ; vos plantes pousseront rapidement et ainsi vous profiterez plus vite de leur parfum enivrant.

Regardez dans les rayons, vous allez forcément trouver la lavande qui vous conviendra. Observez de près les spécimens mis en vente, car il existe aussi des variétés aux fleurs roses ou blanches. Si la couleur diffère, le parfum, lui, est toujours le même. La plante est finalement petite, il serait vraiment dommage de ne pas lui faire une place au balcon ou sur la terrasse.

❖ Comment planter la lavande ?

Installez votre lavande en vasque ou en potée plutôt qu'en balconnière. Les balconnières sont peu profondes, or il faudra au moins 30 à 40 cm de toutes parts afin d'avoir assez de terreau pour bien réussir sa culture.

Remplissez votre potée ou votre vasque d'un terreau spécial fleurs ou pour balconnières. Une fois cette opération effectuée, creusez un trou de la taille du conteneur de la lavande. Retirez le pot en plastique puis, à l'aide d'une griffe, grattez les racines de la motte pour les aérer et les aider à bien s'installer. Posez la motte dans le trou, en veillant à ce que le dessus effleure la surface du substrat. Tassez le terreau et arrosez. Installez ensuite votre végétal en situation ensoleillée et chaude. Ne laissez pas d'eau stagnante dans la soucoupe.

❖ Le suivi pendant la saison

Pensez à arroser régulièrement vos potées en laissant sécher le terreau entre deux apports d'eau. Si vous avez oublié l'arrosoir pendant quelque temps, pas de panique, la lavande est une plante du Sud qui supporte bien les périodes de sécheresse. Mais attention, aucun végétal ne peut vivre sans eau, surtout une plante en pot, car l'évaporation due au soleil se fait encore plus rapidement qu'en pleine terre. Par contre, ne transigez pas sur un point : retirez impérativement l'eau stagnante de la soucoupe.

Au fil de la saison, retirez les feuilles sèches ou abîmées. La floraison aura lieu en été ; apportez un peu d'engrais spécial fleurs pendant cette période en suivant les doses prescrites. Une fois les fleurs fanées, coupez les hampes sèches et mettez-les au compost ou dans un vase ou en sachets pour profiter encore de leur parfum. Procédez à une taille harmonieuse en conservant une touffe arrondie.

Votre lavande peut rester sur le balcon. Dans les régions aux hivers rigoureux, protégez le pot : placez-le en situation abritée du vent et emballez la plante et son contenant dans un voile d'hivernage. Veillez à ce qu'il n'y ait pas trop d'eau dans le pot, l'eau stagnante et le gel pouvant faire mourir les racines.

Après le passage hivernal, en mars, recoupez au besoin les tiges desséchées et faites un surfaçage : retirez la première couche de terreau et remplacez-la par du terreau neuf.

❖ Quelques variétés sympas

- 'Hidcote Blue' : port très compact.
- Plumette® Blueberry Ruffles 'Cov' : fleurs bleues ou roses de mai à juillet.
- 'Crystal Lights' : belle variété d'un blanc pur.
- 'Elizabeth' : la plus parfumée des lavandes.
- 'Françoise' : compacte.

CALENDRIER DE CULTURE

Mars > Achetez votre lavande, installez-la dans son contenant avec un bon terreau enrichi, en situation ensoleillée.

Avril > Profitez du feuillage, arrosez mais sans laisser d'eau stagnante dans la soucoupe.

Mai > Profitez encore, arrosez.

Juin > Les premières fleurs arrivent, apportez de l'engrais.

Juillet > Profitez du parfum, arrosez.

Août > Coupez les hampes florales desséchées, faites-en des petits sacs.

Septembre > Coupez les tiges desséchées.

Octobre > Réduisez les arrosages, retirez les feuilles mortes.

Novembre > Placez vos potées en situation abritée du vent et du gel.

Mars > Coupez les parties sèches, faites un surfaçage.

▲ *Lavandula angustifolia* 'Hidcote Blue'.

▲ Épinard-fraise.

LÉGUMES-FEUILLES

Au potager, les légumes-feuilles sont bien reconnaissables. C'est leur partie aérienne qui nous intéresse et que l'on va consommer allègrement. Vive les poirées, les salades, les épinards et les céleris à côtes !

❖ La feuille dans tous ses états

Ces légumes sont souvent consommés crus, en salade, avec un assaisonnement destiné à relever leur goût. Mais rien ne vous empêche de les consommer cuits, comme les choux et les poirées.

Les avantages des légumes-feuilles ? D'abord, ils sont pauvres en calories et en graisses, riches en protéines, en fibres alimentaires, en fer et en calcium. En plus, ils renferment souvent de la vitamine C, des antioxydants, de l'acide folique, ainsi que de la vitamine K. Ensuite, vous pouvez les retrouver pendant pratiquement toute l'année. Les salades sont là dès le printemps et jusqu'en hiver grâce aux variétés d'hiver. Idem pour les épinards.

Au balcon, petit tour d'horizon pour voir ce que vous pouvez planter ou semer sans problème, parce que tous ne sont pas forcément fans de la culture en pot. Vous pouvez installer en toute quiétude épinard, arroche rouge (ancêtre de l'épinard), artichaut, céleri à côtes, chicorée, scarole, laitue, mâche, épinard-fraise, ficoïde glaciale, cresson, chou brocoli, chou cabus, chou-fleur, chou frisé, chou rouge, chou chinois, oseille, pourpier, poirée (bette, blette).

Semez les salades et le cresson, les épinards et ses dérivés. Par contre, mieux vaut transplanter les choux, les artichauts et les poirées : les petits plants reprendront plus facilement.

❖ Choisir des légumes-feuilles

Vous trouverez les graines toute la saison dans les rayons jardin. Les plants, eux, sont proposés au printemps. Installez vos légumes-feuilles dès que les gelées hivernales ne sont plus à craindre. Au nord de la Loire, attendez le passage des saints de glace, les 11, 12 et 13 mai. Choisissez vos légumes dès qu'ils sont en vente et placez-les en situation abritée du vent et du gel, en attendant des jours meilleurs. Au sud de la Loire, vous pouvez mettre en place vos légumes-feuilles dès avril.

Faites votre choix en fonction de vos goûts et de vos habitudes alimentaires. Certes vous allez les manger, mais ils peuvent aussi apporter de la déco. C'est le cas de la poirée, par exemple, car la carde peut être blanche, jaune ou rouge. Ils sont beaux et bons, les légumes-feuilles !

❖ Comment planter les légumes-feuilles ?

Choisissez des potées ou des vasques d'au moins 30 cm de profondeur. Remplissez-les d'un terreau pour potager sans engrais chimique.

- **Pour les plants** : une fois le terreau installé, creusez un trou de la taille du godet, retirez ce dernier avec soin, glissez la petite motte dans le trou, tassez et arrosez. Ne laissez pas d'eau stagnante dans la soucoupe.

- **Pour les graines** : en février, semez 3 graines par petit godet rempli de terreau pour semis. Placez vos godets dans une pièce chauffée et lumineuse. Suivez l'arrosage. Quand les plantules ont 6 cm de haut, transplantez-les dans une vasque ou une potée. Mais faites attention aux gelées.

▲ Artichauts f1 'Opéra'.

TRUCS & ASTUCES

• Pour bien réussir vos choux-fleurs en pots, préférez les variétés compactes ou mini. Ils formeront plus facilement leur tête. Dès la formation des inflorescences (les fleurs), cassez et rabattez des feuilles sur la pomme pour la garder bien tendre.

• L'épinard-fraise est un légume ancien que l'on trouve dans les points de vente en graines à semer. Tout se mange, les tiges, les feuilles et la fraise… qui a bel et bien un goût d'épinard. Cette plante est aussi très déco.

• Pour les chicorées frisées, préférez les feuillages fins car les pommes seront moins volumineuses.

Vous pouvez aussi semer les graines directement dans la vasque ou la potée, dès le mois de mars. Il faut alors éclaircir les semis, en retirant les petites plantules en surnombre. Protégez vos semis d'un voile d'hivernage et exposez le contenant le plus possible au soleil. Prévoyez de semer les variétés de salades d'hiver en juillet.

CALENDRIER DE CULTURE

Février > Semez en godets.

Mars > Semez en place.

Avril > Au sud de la Loire, installez vos légumes au balcon, en situation ensoleillée. Au nord de la Loire, mettez-les à l'abri.

Décembre > Arrosez avec parcimonie.

Mai > Au nord de la Loire, attendez la fin des gelées pour transplanter.

Juin > Suivez l'arrosage. Récoltez les premières salades.

Juillet > Arrosez et retirez l'eau stagnante des soucoupes. Semez les salades d'hiver.

Août > Récoltez selon la variété, arrosez.

Septembre > Récoltez selon la variété.

Octobre > Fin des légumes d'été, vive les salades d'hiver !

❖ Le suivi pendant la saison

Les points clés avec les légumes-feuilles sont l'exposition et l'arrosage, qui dépendent de la plante cultivée. Par exemple, les salades préfèrent une exposition ensoleillée mais pas trop chaude. Le terreau doit rester humide, mais sans eau stagnante dans la soucoupe. Le chou-fleur aime la mi-ombre et un terreau humide. Veillez à bien suivre les instructions préconisées sur le sachet de graines ou l'étiquette des plants que vous avez choisis.

▲ Laitue pommée 'Justine'.

N'ajoutez pas d'engrais. Si vous avez utilisé un bon terreau naturellement riche et surtout ne contenant pas d'engrais chimique, votre plante aura tout ce qu'il lui faut pour pousser généreusement.

Pour limiter les attaques de limaces sur les salades, paillez le terreau avec de la paillette de chanvre. Les gastéropodes détestent ce paillis. Installez un pot de menthe à proximité des choux, pour faire fuir les aleurodes et les piérides.

Ces légumes-feuilles sont extrêmement simples de culture ! Ne vous en privez surtout pas pour votre balcon ou votre terrasse !

❖ Quelques variétés sympas

- **Artichaut** 'Viola' : très déco, pourpre, chair tendre.
- **Céleri à côtes** 'Martine' : côtes rouges.
- **Chicorée** 'Pain de sucre' : petit goût amer.
- **Chou rouge** 'Bacchus F1' : précoce et compact.
- **Épinard** : 'Le monstrueux de Viroflay'.
- **Laitue batavia** 'De Pierre Bénite' : ne monte pas.
- **Laitue pommée** 'Merveille d'hiver' : très rustique.
- **Poirée jaune** : cardes jaune flashy, superbes.
- **Poirée rouge** : cardes rouge vif, très bon goût.

FOCUS SUR L'ARTICHAUT

Description

L'artichaut est en réalité un chardon domestiqué et cultivé, probablement issu de la variété sauvage *Cynara cardunculus sylvestris*, qui a donné naissance à deux plantes distinctes : le cardon et l'artichaut. L'artichaut est une plante vivace pouvant atteindre plus de 1 m de haut. La tige robuste développe de longues feuilles découpées, vert-gris sur la face supérieure et blanc argenté sur la face inférieure. On nomme « artichaut », la plante et la partie comestible, son inflorescence qui est communément appelée « la tête de l'artichaut ». Cette tête se récolte avant que les fleurs ne se développent et on déguste la base des bractées (des feuilles) et le réceptacle (le fond d'artichaut), soit crus, soit cuits. Les jeunes têtes sont plus appréciées crues en vinaigrette, tandis que les têtes plus développées sont cuites.

Technique culturale

Installez vos artichauts dès la mi-mars après les grosses gelées, dans un terreau potager, en prévoyant un contenant par pied. Placez la plante en plein soleil. Pendant la saison, arrosez en gardant le terreau humide mais pas détrempé, ne laissez jamais d'eau stagnante dans la soucoupe. Récoltez les têtes au fur et à mesure de leur maturité.

L'artichaut se décline en quelques variétés, préférez cultiver celle qui correspond au climat de votre région : 'Gros camus de Bretagne' est productif mais frileux, 'Gros vert de Laon' donne de grosses têtes et c'est le plus rustique, 'Violet de Provence', à petite fleur, est une variété du Midi, frileux.

Quand l'hiver arrive, coupez de moitié le feuillage, buttez le plant et paillez son pied pour le protéger du gel. Changez vos plants tous les 4 ans, l'artichaut ne produisant généreusement que durant 4 premières années.

Trucs & astuces

- L'artichaut est riche en vitamines B et C et en sels minéraux.
- Laissez quelques têtes monter en fleur, le spectacle est superbe.

FOCUS SUR LE CÉLERI À CÔTES

Description

Le céleri est un légume originaire des marais, un végétal qui adore l'eau. C'est une plante bisannuelle qui se cultive donc normalement sur deux années mais, en raison de sa faible rusticité, nous la cultivons fréquemment comme annuelle, en remplaçant le plant ou en le semant chaque année. Le céleri à côtes fait partie de la même espèce que le céleri-rave et appartient à la famille des Apiacées, dont font partie le fenouil ou encore la carotte. Les feuilles et les tiges du céleri à côtes se récoltent au fur et à mesure de leur formation et des besoins, de juillet à octobre. La plante n'a pas son pareil en été lorsque l'on déguste ses tiges accompagnées d'un fromage blanc aux herbes, ou qu'elle agrémente les salades estivales en rehaussant leur goût. C'est le légume « arôme » par excellence.

Technique culturale

Plantez vos pieds de céleri à côtes au printemps, après les grosses gelées, vers la fin mai. Utilisez un terreau potager, et placez votre légume plutôt à la mi-ombre afin de garder l'humidité du pot. Pendant la saison, suivez l'arrosage en maintenant le terreau humide, pas détrempé, et surtout sans jamais d'eau stagnante dans la soucoupe. À la surface du terreau, ajoutez un paillage pour limiter l'évaporation de l'eau, du mulch de cacao, des paillettes de chanvre ou de lin.

Le céleri ordinaire doit être blanchi par privation de lumière avant d'être récolté ; ses côtes seront alors plus tendres. Pour cela, retirez les feuilles abîmées, relevez toutes les feuilles, réunissez-les en les entourant d'un lien de type raphia, et comptez 15 jours pour que les côtes soient blanchies.

Trucs & astuces

Le céleri est un légume riche en fibres, en vitamines B6 et C, ce qui lui confère des propriétés « anti-kilos », parfaites pour la période hivernale qui est souvent synonyme de plats trop riches.

FOCUS SUR LA CHICORÉE

Description

La famille des chicorées est vaste : scarole, frisée, trévise, endive, chicon, chicorée à sucre… Cette multitude de variétés est divisées en quatre grandes catégories : scarole, frisée, italienne avec une pomme très serrée et des feuilles rouges, et sauvage améliorée comme 'Pain de sucre' avec une pomme allongée et des feuilles vert clair. Chouchou de la catégorie, la chicorée scarole aux grandes rosettes au cœur dense, aux feuilles croquantes à souhait et à la légère amertume, est la salade d'hiver incontournable. En plus d'apporter un peu de verdure dans les mois froids, elle offre généreusement ses multiples vitamines : un légume de saison et de santé.

Technique culturale

Vous pouvez semer directement en place à partir d'avril, après avoir fait au préalable tremper les graines dans de l'eau. Sinon, vous pouvez installer des plants au mois de mai. Optez pour un terreau potager et positionnez le contenant en plein soleil. Suivez l'arrosage afin de garder le terreau humide mais pas détrempé, sans jamais laisser d'eau stagnante dans la soucoupe. Paillez au besoin. La récolte des chicorées s'effectue 3 mois après le semis et 2 mois après l'installation de plants. Étalez vos semis ou l'installation des plants tous les 15 jours. Le développement de la plante se fait jusqu'aux premières gelées automnales. Lorsqu'elle atteint une belle taille, faites blanchir le cœur de la plante en installant une cloche opaque. Dès l'arrivée des premiers froids, placez vos pots à l'abri du gel et des vents froids.

Trucs & astuces

- Il est possible de cueillir la chicorée feuille par feuille, à l'instar des laitues feuilles de chêne.
- Les limaces raffolent des feuilles de chicorée ; paillez le terreau avec de la paillette de lin, un paillage fin et piquant.
- Posez des cloches opaques 10 jours avant la récolte des chicorées – un pot en terre cuite peut faire l'affaire.

FOCUS SUR LE CHOU

Description

Dans la famille *Brassica oleracea*, il existe beaucoup de variétés différentes comme les choux… pommé, brocoli, fleur, de Bruxelles, cabus, frisé, de Milan, rouge et rave. Si la plupart sont consommés pour leurs feuilles, on déguste l'inflorescence du chou-fleur et la tige enflée du chou-rave. Les choux sont consommés crus en salade ou cuits, en potée, farcis, revenus à la poêle, à la vinaigrette, et bien sûr en choucroute. Seul le chou de Bruxelles, appelé également « arbre à choux », peut atteindre 1,50 m de haut. Les autres variétés sont plutôt des plantes basses n'excédant pas 60 cm de haut au maximum. Les choux sont d'excellents légumes de saison, riches en vitamines et oligo-éléments variés.

Technique culturale

Préférez installer des plants directement en place au mois de mai, après les gelées printanières. Optez pour un contenant par pied, d'au moins 40 cm de toutes parts. Dans le fond du pot, versez des billes d'argile, posez un feutre de jardin, puis versez un terreau potager. Installez le contenant en exposition ensoleillée, mais pas trop brûlante. Suivez l'arrosage : en été le terreau doit rester humide, mais pas détrempé, sans laisser d'eau stagnante dans la soucoupe. Dès la formation des inflorescences du chou-fleur, cassez les feuilles sur la pomme pour une merveille formation. Récoltez les chou cabus, chou-fleur, chou de Milan, brocoli et chou rouge lorsque la pomme est bien formée, au fur et à mesure de vos besoins. Attention aux gelées !

Trucs & astuces

- Préférez les variétés naines de chou-fleur pour être sûr de la bonne formation des têtes.
- Récoltez vos choux de Bruxelles juste après la première gelée automnale ; ils n'en seront que meilleurs.
- Prélevez les feuilles du chou frisé après une petite gelée ; lui aussi en sera encore meilleur.

FOCUS SUR L'ÉPINARD

Description

Il existe les épinards d'été que l'on sème au printemps et les épinards d'hiver que l'on sème à la fin de l'été. Les variétés sont différentes, mais rassurez-vous, la plante a bel et bien le même goût herbacé et la même saveur d'une rare finesse. Grâce à ces deux périodes de semis, printemps et fin d'été, la plante offre la possibilité d'être consommée toute l'année. Elle se présente sous la forme d'une touffe de feuilles de 20 à 30 cm de long en forme de fer de lance et à la jolie couleur verte, plus ou moins claire en fonction de la variété. Les jeunes feuilles se dégustent crues en salades, ou cuites en d'excellents potages, revenues à la poêle pour accompagner délicieusement des viandes blanches et des poissons, ou avec des œufs avec qui elles s'associent à merveille.

Technique culturale

Pour les semis de printemps, semez les graines d'épinard par petite quantité. Préférez semer tous les 15 jours pour étaler la production, la levée se faisant en seulement 10 jours. Optez pour un contenant d'au moins 30 cm de profondeur, et un terreau potager est recommandé. Exposez le bac à la mi-ombre, suivez l'arrosage car le terreau doit rester humide surtout lors des grosses chaleurs estivales : humide… mais pas détrempé ! Ne laissez jamais d'eau stagnante dans la soucoupe. Retirez les feuilles jaunes ou abîmées au fur et à mesure de leur apparition et consommez au fur et à mesure de vos besoins.

Trucs & astuces

- Éclaircissez les semis, dégustez les jeunes feuilles en légumes primeurs.
- Semez les épinards d'hiver début septembre, après les grosses chaleurs estivales, pour éviter leur montée en graines.
- L'épinard-fraise est également délicieux. Il forme de petits fruits rouges (au goût d'épinard). Toute la plante est comestible. Les graines se sèment au printemps et la récolte a lieu de juillet aux premières gelées automnales.

FOCUS SUR LA POIRÉE (BETTE, BLETTE)

Description

La poirée, la blette, la bette à carde, la joutte : tous ces noms désigne cette jolie plante, haute de 60 cm, formant une touffe de feuilles vert foncé brillant plus ou moins larges et en forme de flèche. La carde blanche donne des feuilles plus grandes et plus épaisses que les cardes de couleur. Le pétiole peut être blanc, jaune, orange, pourpre ou rose. C'est un atout décoratif indéniable au jardin, mais surtout toutes ces variétés de couleurs sont consommables.

On déguste les jeunes feuilles en salade, les feuilles et les cardes cuites à la manière des épinards, en tarte salée ou sucrée ou en gratin à la béchamel. La plante fait partie la même famille que la betterave, son goût est légèrement sucré. C'est un des légumes les plus riches en fibres.

Technique culturale

Préférez acheter la poirée en godets, et installez-la dès le mois de mai, après les grosses gelées. Optez pour un contenant de 50 cm de toutes parts, en comptant 1 pied par contenant. Choisissez un terreau potager, placez le pot en exposition ensoleillée et arrosez régulièrement après la plantation. Maintenez le terreau humide, sans eau stagnante dans la soucoupe. Paillez le dessus du terreau pour limiter l'évaporation de l'eau. Récoltez au fur et à mesure de vos besoins de juillet à novembre. La poirée étant sensible aux pucerons, installez des pots de basilic ou d'œillets d'Inde à proximité de vos belles, pour faire fuir les petites bêtes suceuses de sève. C'est une bisannuelle qui peut rester dehors si les températures ne descendent pas en dessous de -6 °C et redonner au printemps suivant.

Trucs & astuces

- Pauvre en calories et riche en fibres, la poirée est une bonne source de vitamines C et A, de fer et de magnésium.
- Récoltez au fur et à mesure de vos besoins en prélevant les feuilles et la carde. La poirée va repousser pour donner de nouvelles feuilles, ceci jusqu'aux premières gelées automnales.

FOCUS SUR LA SALADE

Description

Les salades sont des plantes annuelles très faciles de culture. Selon la variété, la salade forme dans un premier temps une rosette de feuilles, puis une tige ou une pomme aux feuilles serrées. Vous trouverez donc les laitues pommées aux feuilles assez arrondies, tendres, lisses et parfois cloquées, bien serrées autour du cœur (formant une pomme), les laitues batavias avec des feuilles découpées et même frisées et à la pomme allongée, les laitues romaines aux feuilles dressées et aux grosses pommes verticales à côtes croquantes, les laitues à couper au feuillage tendre qui repousse sur les mêmes tiges après chaque récolte (deux ou trois fois), les laitues italiennes au feuillage frisé souvent de couleur rouge. Les mâches, ces petites salades d'hiver, forment des rosettes formées de feuilles plates, spatulées et légèrement charnues.

Technique culturale

Si vous optez pour le semis, le repiquage se fait 1 mois après, quand les plants ont 4 ou 5 feuilles. Observez les périodes de semis : les laitues de printemps se sèment en février et mars sous abri, les laitues d'été de fin mars à juin en place, les salades d'hiver en août-septembre, les laitues romaines de mars à juin, les laitues à couper de mars à fin août, en place. La levée se fait en 10 jours. Sinon, optez pour des plants cultivés à mettre en place de mai à septembre. Prenez un terreau potager. Manipulez les plants avec précaution car les racines de salade sont fragiles. Placez vos contenants à l'ombre légère, arrosez en maintenant le terreau humide, mais pas détrempé, et sans laisser d'eau stagnante dans la soucoupe. Récoltez au fur et à mesure de vos besoins.

Trucs & astuces

- Lors du repiquage, veillez à ne pas enterrer le collet, c'est le point de séparation de la racine et du feuillage.
- Évitez de planter des salades à côté des choux, des haricots, des petits pois et des radis, mais préférez les installer près des tomates, des aubergines, des poivrons, des melons et des carottes ; leur développement en sera meilleur.

▲ Tomates 'Galina'.

LÉGUMES-FRUITS

Un légume-fruit est une plante potagère dont on consomme les fruits. Vous les connaissez forcément : les aubergines, les concombres, les poivrons, les tomates... Ce sont des légumes d'été !

❖ Des légumes ou des fruits

Une polémique existe en ce qui concerne notamment la tomate et la courgette. Sont-elles des légumes-fruits ou des fruits ? Les deux. Car ce sont des fruits au sens botanique, mais des légumes sous l'angle de la consommation et d'un point de vue du langage général.

Les légumes-fruits sont dégustés crus ou cuits, parfois les deux. Ils sont plus ou moins caloriques, mais c'est dans cette catégorie que l'on trouve les champions de la minceur. Malgré cela, ils ne sont pas en reste en vitamines et oligoéléments. Le concombre est le roi côté minceur, avec seulement 10 kcal pour 100 g. La tomate et la courgette comptent chacune 15 kcal et le poivron 21 kcal. L'aubergine, elle, annonce 18 kcal, mais c'est souvent sa préparation qui pose souci car, avec son côté « éponge », elle boit l'huile de cuisson. Ce petit tour d'horizon des espèces vedettes des légumes-fruits donne une vision assez claire de cette famille.

Comme les légumes-feuilles (pp. 108-117) ou les légumes-racines (pp.128-135), certaines cultures ne sont pas envisageables en pots. Voici celles que vous pouvez aisément expérimenter sur votre balcon ou votre terrasse : aubergine, chayotte, concombre, cornichon, courge spaghetti, courgette, haricot nain, margose, melon, pâtisson, piment, poire-melon, poivron, potimarron, tomate.

Les légumes-fruits sont des plantes annuelles qui vont mourir dès les premières gelées. Alors, préférez les plants aux semis pour gagner du temps ; les résultats seront plus rapides.

❖ Choisir des légumes-fruits

Les plants sont disponibles au printemps dans les rayons jardin. Les légumes-fruits sont des annuelles qui disparaissent à la moindre petite gelée.

Ne prenez aucun risque : dans les régions aux hivers rigoureux, laissez passer les saints de glace, les 11, 12 et 13 mai. Et même, surveillez le thermomètre pour être sûr. Les saints de glace ne sont qu'un repère, dans certaines régions on ne plante pas avant la Sainte-Sophie, le 25 mai. Dans les régions aux hivers doux, vous pouvez mettre les plants en place dès avril.

Faites votre choix en fonction de vos goûts et de vos habitudes alimentaires. Les légumes-fruits sont meilleurs frais : ramassez-les au fur et à mesure de leur maturité et de vos besoins. Certains ont une maturité plus tardive. C'est le cas de la poire-melon, à maturité vers la fin septembre, et des courges, bonnes à consommer en octobre.

❖ Comment planter les légumes-fruits ?

Cultivez vos légumes-fruits en potées ou en vasques d'au moins 30 cm de profondeur. Remplissez vos contenants d'un terreau potager naturelle-

TRUCS & ASTUCES

- Placez un plant d'œillet d'Inde et un de basilic au pied de vos tomates. L'œillet d'Inde fait fuir les pucerons, le basilic renforce la vigueur de la tige mère de la tomate et le goût des fruits.
- Pour éviter les attaques de mildiou, éliminez les gourmands (rejets) de vos tomates quand il y a 3 jours de beau temps consécutifs – c'est le délai de cicatrisation de la plante. Les gourmands se développent à l'aisselle des feuilles.
- Installez une potée de thym à proximité de l'aubergine. Cette plante mellifère attire les abeilles qui vont polliniser votre aubergine. La mise à fruits sera plus rapide.
- Placez un pot de ciboulette près de vos courges et courgettes. Cette petite plante limite l'oïdium (champignon microscopique).
- Paillez vos potées de poire-melon avec de la paillette de lin. Les limaces friandes de vos pépinos détestent le côté piquant de ces fines paillettes.
- Vous pouvez palisser vos courges et vos chayottes, elles grimperont aisément.

▲ Aubergine 'Rouge de Lucanie'.

ment riche, mais surtout sans engrais chimique. Ce sont des légumes que vous allez manger !

Creusez un trou dans le terreau de la taille du godet, retirez le godet en plastique avec soin, placez la petite motte dans le trou, tassez et arrosez. Installez votre potée en situation ensoleillée et chaude. Les légumes-fruits que vous pouvez cultiver en pots sont des plantes du soleil qui ont toutes (sans exception) besoin d'une telle exposition. C'est grâce au soleil que ces légumes vont pouvoir se développer aisément et c'est encore grâce à lui que les fruits auront du goût. Pensez, par exemple, aux tomates. Ne laissez pas d'eau stagnante dans la soucoupe, c'est impératif.

CALENDRIER DE CULTURE

Avril > Dans les régions aux hivers doux, transplantez à exposition ensoleillée.

Mai > Dans les régions aux hivers rigoureux, soyez prudents et transplantez à exposition ensoleillée.

Juin > Suivez l'arrosage.

Juillet > Premières récoltes ? Arrosez.

Août > Arrosez. Récoltez. Pensez au paillage si vous vous absentez.

Septembre > Au retour, procédez à des tailles de nettoyage. Continuez à arroser. Récoltez.

Octobre > Fin des légumes d'été, pensez à les conserver. Récoltez les courges.

❖ Le suivi pendant la saison

Les points clés avec les légumes-fruits sont l'exposition et l'arrosage. Pour l'exposition, c'est soleil pour tout le monde ! Côté arrosage, il y a quelques nuances en fonction de l'espèce car toutes les plantes n'ont pas tout à fait les mêmes besoins en eau.

▲ Poivron 'Mohawk'.

Par exemple, pour les tomates, il est préférable de laisser sécher le terreau entre deux apports d'eau, alors que les aubergines apprécient un terreau humide mais pas détrempé. Veillez à bien suivre les instructions préconisées sur l'étiquette des plants que vous avez choisis.

Ajouter de l'engrais n'est pas nécessaire. Si vous avez utilisé un bon terreau naturellement riche et surtout ne contenant pas d'engrais chimique, les plantes auront tout ce qu'il leur faut pour pousser.

Chaque année, changez le terreau qui risque d'être épuisé. Les tomates sont gourmandes et prélèvent tous les nutriments.

❖ Quelques variétés sympas

- **Aubergine** 'Slim Jim' : naine, excellente en pot.
- **Concombre** 'Raider F1' : demi-long, productif.
- **Courge** 'Jack be Little' : petite, jaune, goût de châtaigne.
- **Courgette** 'Tarmino F1' : vert foncé, productive.
- **Haricot nain mangetout** 'Fortal' : gousses fines.
- **Melon** 'Jerac F1' : chair ferme.
- **Pépino, poire-melon** 'Pepino Gold' : gros fruits jaune strié de violet.
- **Poivron** 'Sonar F1' : vert puis rouge à maturité.
- **Tomate cocktail** 'Harmony F1' : tomate-cerise savoureuse.

FOCUS SUR L'AUBERGINE

Description

Comme la tomate, l'aubergine est une plante potagère vivace de la famille des Solanacées, cultivée comme une plante annuelle. Son fruit est consommé comme légume. Il existe plus de 1 400 espèces d'aubergines, à forme allongée ou ronde, de couleur aubergine ou blanche. En raison de ses origines tropicales (Inde), la plante aime avant tout le soleil. Sous nos latitudes, elle est considérée comme une plante annuelle car elle gèle dès que la température avoisine les 10 °C. Riche en fibres, l'aubergine est consommée crue jeune ou cuite à maturité. Elle s'associe parfaitement avec les autres légumes du soleil comme la tomate, les poivrons, la courgette, pour faire de fabuleuses ratatouilles.

Technique culturale

Installez les plants en place entre mai et juin, lorsque les gelées ne sont plus à craindre. Optez pour des contenants de 30 cm de toutes parts, et placez un plant par contenant. Mettez des billes d'argile dans le fond du pot, recouvrez d'un feutre de jardin, versez du terreau potager. Installez le pot en situation ensoleillée et chaude, devant un mur exposé au sud, par exemple. Paillez le terreau dès l'installation des plants. Arrosez au pied de la plante, jamais sur les feuilles, et veillez à garder le terreau humide, mais pas détrempé, et sans eau stagnante dans la soucoupe. Pour assurer la production, limitez la récolte à 8 fruits. Surveillez les doryphores (à retirer à la main) et les pucerons (installez la plante proche d'un basilic). Récoltez quand les fruits commencent à ramollir et consommez-les rapidement.

Trucs & astuces

- Pincez le bout des rameaux pour favoriser le développement des fruits : taillez au-dessus de la première feuille située après le fruit que vous désirez conserver.
- Laissez un morceau de pédoncule lors de la cueillette, ceci pour une meilleure conservation. N'attendez pas trop avant de récolter car quand le fruit prend des teintes marron, il durcit et sa chair prend un goût amer.

FOCUS SUR LE CONCOMBRE

Description

De la famille des Cucurbitacées, le concombre est la star de l'été. Cette plante annuelle originaire d'Inde gèle dès que les températures avoisinent les 10 °C. Rampante, elle court au sol, mais elle peut être palissée sur un support où elle grimpera grâce à ses vrilles. Vous gagnerez en place et ajouterez un côté esthétique à votre espace extérieur. Ses tiges peuvent atteindre jusqu'à 5 m de long. Le fruit également appelé concombre est charnu, plus ou moins allongé, et parfois recouvert de petits poils selon la variété. On le récolte de juillet aux premières gelées automnales. On le déguste généralement cru, mais il est également possible de le cuire et de le consommer chaud en potage ou encore pour agrémenter des sauces.

Technique culturale

Installez les plants en place entre mai et juin, lorsque les gelées ne sont plus à craindre. Optez pour un contenant de 30 cm de toutes parts. Pour le bon développement du système racinaire, installez un plant par contenant. Versez des billes d'argile dans le fond du pot, recouvrez d'un feutre de jardin et versez du terreau potager. Installez le pot en situation ensoleillée. Préférez planter au moins 2 pieds de concombre de la même variété ou non, afin d'augmenter vos chances d'obtenir de nombreux fruits. Installez de la paillette de lin en surface du terreau pour dissuader les gastéropodes, friands de l'espèce. Arrosez régulièrement au pied du plant, en évitant soigneusement les feuilles pour limiter les maladies.

Trucs & astuces

- Préférez arroser régulièrement plutôt qu'abondamment : sensible au stress hydrique, en cas de manque d'eau, les fruits peuvent prendre un goût amer.
- Pincez le bout des rameaux pour favoriser le développement des fruits : taillez au-dessus de la première feuille située après le fruit en formation.
- Les cornichons sont des concombres de variétés spécifiques, récoltés prématurément.

FOCUS SUR LES COURGES

Description

« Courge » est le nom commun de la grande famille des Cucurbitacées. Les courgettes, les cornichons, les concombres, les melons, les pastèques, les potirons, les pâtissons, les potimarrons et autres citrouilles font partis de la famille. Les potirons, que l'on récolte en automne, ont une écorce jaune, orange, rouge brique, mais aussi grise ou verte selon les variétés. Les courgettes peuvent être d'un vert plus ou moins foncé mais aussi de couleur jaune. Les espèces les plus connues sont les *Curcubita pepo* avec la courgette, la citrouille, le pâtisson, la courge spaghetti, *Cucurbita maxima* avec le potiron, le potimarron et le giraumon, *Curcubita moschata* avec la courge musquée et la courge butternut, *Cucumis melo* pour les melons et *Cucumis citrullus* pour les pastèques. Toutes ces plantes sont gélives et se cultivent en annuelles, à remplacer chaque année.

Technique culturale

Installez les plants en place entre mai et juin, lorsque les gelées ne sont plus à craindre. Optez pour un contenant de 30 cm de toutes parts. Pour le bon développement du système racinaire, installez un plant par contenant. Versez des billes d'argile dans le fond du pot, recouvrez d'un feutre de jardin, utilisez un terreau potager enrichi. Installez le pot en situation ensoleillée pour les potirons et courgettes, ensoleillée et chaude pour les melons et pastèques. Les courgettes ont un port érigé et se récoltent au fur à mesure de leur maturité (belle taille). Les potirons et citrouilles sont rampants ou grimpants si vous leur installez un treillage et se récoltent en automne. Les melons et pastèques sont également rampants et se récoltent en été.

Trucs & astuces

- Pour les rampantes : pincez le bout des rameaux pour favoriser le développement des fruits ; taillez au-dessus de la 3e feuille située après le dernier fruit en formation, laissez au maximum 3 à 4 fruits par tige.
- Les potirons entiers, non entamés, se conservent durant plusieurs mois dans un lieu frais et sec.
- Les graines de courge sont comestibles : grillées et salées, elles sont délicieuses à l'apéritif ou saupoudrées sur salades et gratins.

FOCUS SUR LE HARICOT

Description

Le haricot compte de nombreuses variétés dont les plus connues sont les haricots nains, les haricots à rames, les mangetout et aussi les haricots d'Espagne. Selon les variétés, on déguste les gousses croquantes ou les grains plus ou moins fermes. C'est le légume vert par excellence et il peut être… vert bien sûr, mais aussi jaune, violet ou strié de rouge. Les grosses graines du haricot d'Espagne peuvent être blanc strié de brun, lavande tacheté de violet, ou encore toutes brunes. La notion de haricot nain se rapporte à la taille adulte de la plante ne dépassant pas les 60 cm. Au contraire, les haricots à rames (qui grimpent) peuvent développer des tiges de 4 m de long, à palisser à la verticale. La plante ne résiste pas aux gelées automnales.

Technique culturale

Semez les graines en place en mai, lorsque les gelées ne sont plus à craindre. Dans un grand contenant, versez des billes d'argile dans le fond, recouvrez d'un feutre de jardin et utilisez un terreau léger spécial potager. Faites des petits trous (des poquets) de 5 cm de profondeur, espacés les uns des autres de 20 cm de toutes parts, et installez 3 à 4 graines par poquet. Positionnez le pot en situation ensoleillée, installez un treillage pour les haricots à rames et les haricots d'Espagne. La récolte se fait 2 mois après le semis. Étalez vos semis pour prolonger le temps des récoltes ; selon la variété, le semis peut se faire jusqu'à fin juillet. Suivez l'arrosage en laissant sécher le terreau entre deux apports d'eau, mais ne laissez pas d'eau stagnante dans la soucoupe. Récoltez au fur et à mesure, et prévoyez la dernière récolte juste avant les gelées.

Trucs & astuces

- Lorsque les haricots ont développé au minimum 4 feuilles, buttez-les avec de la terre à hauteur des 2 premières feuilles.
- À l'aide d'une petite fourche, grattez régulièrement la surface du terreau, afin de l'aérer et de le rendre moins compact ; le haricot n'aime pas les terres compactes.
- Fixez les rames sur des treillages ou des tuteurs en bambou pour une jolie déco.

FOCUS SUR LA POIRE-MELON

Description

Le melon-poire ou la poire-melon ou encore pépino (*Solanum muricatum*) appartient à la famille des Solanacées comme la tomate et comprend plus de 1 400 espèces différentes. Cet arbuste buissonnant pouvant atteindre plus de 1 m de haut offre un feuillage persistant. Il a la particularité de développer des fruits au goût de poire mais dont la consistance et l'aspect se rapprochent de ceux du melon. La plante est gélive et ne supporte pas la moindre petite gelée, si bien que la plupart du temps elle est considérée comme une plante annuelle. Toutefois, il est possible de la faire hiverner pour la conserver d'une année sur l'autre et profiter de ses fruits en automne, car leur maturité est assez longue à venir.

Technique culturale

Installez les plants en place entre mai et juin, lorsque les gelées ne sont plus à craindre. Optez pour un contenant de 50 cm de toutes parts. Pour le bon développement du système racinaire, installez un plant par contenant, versez des billes d'argile dans le fond du pot, recouvrez d'un feutre de jardin et utilisez un terreau potager enrichi. Installez le pot en situation ensoleillée et chaude. Suivez l'arrosage en laissant sécher le terreau entre deux apports d'eau, sans garder d'eau stagnante dans la soucoupe. Dès l'annonce d'éventuelles gelées, placez le pot en situation lumineuse et hors gel.

Trucs & astuces

- La récolte des fruits se fait à leur maturité : le fruit prend alors une teinte dorée avec des rayures violettes. Il est riche en vitamine C et se consomme cru ou cuit, en tarte, compote, confiture, chutney…
- La plante est souvent sujette aux pucerons : placez-la à proximité du basilic ou des œillets d'Inde qui vont les faire fuir.
- Vous pouvez multiplier votre plante par bouture de tiges, à la fin de l'été.

FOCUS SUR LE POIVRON

Description

Le poivron (*Capsicum annuum*) est en fait un piment doux. Originaire d'Amérique centrale, le poivron se déguste aussi bien cru que cuit. C'est un légume du soleil, un incontournable de la célèbre ratatouille.

Le piment et le poivron sont de la même famille (Solanacées), mais pas de la même variété. L'un est fort et piquant, le piment, et l'autre doux, le poivron. À maturité, la plante mesure entre 50 cm et 80 cm de haut. Elle possède un joli feuillage vert luisant. Les petites fleurs blanches de forme étoilée apparaissent en été, et les fruits se développent de la fin août à octobre, jusqu'aux premières gelées. La plante est cultivée en plante annuelle car elle est gélive.

Technique culturale

Installez les plants en place entre mai et juin, lorsque les gelées ne sont plus à craindre et lorsque les températures extérieures dépassent les 20 °C. Optez pour un terreau potager enrichi, espacez les pieds les uns des autres de 40 cm de toutes parts. Installez le pot en situation ensoleillée et chaude, à l'abri des vents forts et froids. Suivez l'arrosage en laissant sécher le terreau entre deux apports d'eau, ne laissez pas d'eau stagnante dans la soucoupe. Récoltez les fruits au fur et à mesure de vos besoins quand ils ont une belle taille ou la couleur attendue. La dernière récolte se fera avant les gelées automnales annoncées. Le terreau pourra être recyclé au compost, car le poivron est une plante gourmande qui aura épuisé tous les nutriments du substrat en place.

Trucs & astuces

- Lors de l'arrosage, ne mouillez pas les feuilles du poivron afin de limiter l'apparition de l'oïdium, un champignon microscopique.
- Pour éviter l'action des limaces qui raffolent des jeunes plants de poivrons, installez de la paillette de lin sur la surface du terreau : leurs brins fins et piquants dissuadent les gastéropodes.

FOCUS SUR LA TOMATE

Description

La tomate (*Solanum lycopersicum*) est une des espèces les plus plébiscitées de la grande famille des Solanacées. C'est d'ailleurs l'un des légumes-fruits les plus cultivés au monde. Originaire du Pérou, on la retrouve aujourd'hui dans tous les potagers, et il en existe une multitude de variétés.

Rouge, orange, jaune, noire, rose, vert strié… Ronde, en forme de poire, allongée, en forme d'olive, en forme de cœur, aplatie, en grappe… Il y en a de tous les styles et pour tous les goûts. Au balcon, les tomates-cerises et les petites tomates sont plus faciles à cultiver ; elles se développent mieux et mûrissent plus rapidement. La plante doit être tuteurée. C'est une vivace dans son environnement d'origine, mais sous nos latitudes, elle est cultivée en plante annuelle car gélive.

Technique culturale

En mai, après les dernières gelées, transplantez vos pieds dans un terreau potager enrichi, en les espaçant les uns des autres de 40 cm de toutes parts. Placez le tuteur et liez la tige mère au tuteur. Installez le pot en situation ensoleillée et chaude, à l'abri des vents forts et froids. Suivez l'arrosage régulièrement plutôt qu'abondamment, en laissant sécher le terreau entre deux apports d'eau, et sans laisser d'eau stagnante dans la soucoupe. Pendant la saison, coupez les gourmands, ces tiges qui poussent à l'aisselle d'une feuille et de la tige mère, et qui puisent de la sève au détriment des fruits. Lorsque la plante atteint 1,60 m, étêtez-la juste au-dessus d'une feuille. Paillez le pied avec du mulch de cacao. Récoltez au fur et à mesure de la maturité des fruits.

Trucs & astuces

- À la plantation, enterrez vos plants à hauteur des premières feuilles pour permettre un meilleur enracinement.
- Arrosez au pied de la plante, pas sur le feuillage pour éviter le mildiou.
- En fin de saison, si les fruits ne sont pas mûrs, cueillez-les et placez-les avec des pommes ou des bananes ; ces deux fruits laissent échapper un gaz qui feront mûrir vos tomates.

▲ *Daucus carota.*

LÉGUMES-RACINES

Un légume-racine est une plante potagère dont on consomme la racine, laquelle se trouve plus ou moins enterrée dans le sol. Entrent dans cette catégorie les carottes, les radis, les navets, les betteraves…

❖ Racines, bulbes et tubercules

Au fil du temps, la famille des légumes-racines s'est agrandie. Sur le plan botanique, certains d'entre eux ne sont pas strictement des racines : on peut trouver des légumes dont la tige est tubérisée (betterave, carotte, radis, fenouil…), des bulbes (oignons…), voire des tubercules (pomme de terre, patate douce, crosne, igname, topinambour…). Mais, pour la distinction par catégories de légumes (feuilles, racines ou fruits), les choses sont plus simples ainsi.

Les légumes-racines se consomment crus ou cuits, parfois les deux. Ils sont plus ou moins caloriques. La pomme de terre compte, par exemple, 85 kcal pour 100 g, alors que la carotte affiche seulement 33 kcal. Pour la plupart, ils contiennent des fibres, des oligoéléments et des vitamines, de façon plus ou moins importante selon l'espèce.

Certaines cultures ne sont pas envisageables en pot. Par contre, vous pouvez aisément installer betterave, carotte, céleri-rave, fenouil, navet, oignon plat, radis rose...

L'avantage des légumes-racines, c'est qu'ils ont une germination lente. Vous les récolterez à maturité à la fin de l'été et vous pourrez les conserver une bonne partie de l'hiver. Toutefois il y a des exceptions : les radis roses, eux, sont prêts à être dégustés pratiquement 15 jours après le semis.

Le céleri-rave peut être transplanté. Les bulbes, oignons et pommes de terre seront enterrés. Les autres espèces seront semées.

❖ Choisir des légumes-racines

Les sachets de graines sont proposés toute la saison dans les rayons jardin. Les plants, bulbes et tubercules sont mis en vente au printemps. Installez tout ce petit monde directement en place dès le mois d'avril. Les légumes-racines aiment les climats frais et ne craignent pas le gel, mais évitez tout de même les grosses gelées. Faites votre choix en fonction de vos goûts et de vos habitudes alimentaires. Les légumes-racines, vous les dégustez en purée ? La carotte n'est pas mal. Cuits à l'eau ? Le navet est parfait. Revenus à la poêle ? Le céleri est fondant à souhait.

Si vous voulez étaler vos récoltes, pensez à faire de nouveaux semis pendant la saison. Les carottes sont à maturité 2 mois et demi après les semis. Vous pouvez donc semer une première fois en avril, puis une seconde fois fin juin. Et pourquoi ne pas acheter différentes variétés ?

❖ Comment planter les légumes-racines ?

Plantez en potées ou en vasques d'au moins 30 cm de profondeur. Remplissez vos contenants d'un terreau pour potager sans engrais chimique.

• **Pour les plants** : creusez un trou de la taille du godet dans le terreau, retirez le godet en plastique avec soin,

TRUCS & ASTUCES

• Malgré tous vos efforts, les oignons resteront toujours plus chétifs que leurs cousins cultivés en pleine terre. Pour de meilleurs résultats, préférez les variétés hâtives ou les bulbes plats.

• Les jeunes feuilles des navets, betteraves et radis peuvent se manger en mélange de salade. Essayez, ça fait un mesclun d'un nouveau genre et c'est très bon !

• Semez en mélange les radis et les carottes. La carotte garde le radis moins piquant, et ce dernier éloigne la mouche de la carotte. C'est ce qu'on appelle un bon mariage de plantes potagères.

• Pareillement, placez les fenouils à proximité du navet. L'odeur anisée de la grande ombellifère fera fuir la mouche du navet en plus de lui apporter l'ombre nécessaire.

▲ *Raphanus sativus.*

placez la petite motte dans le trou, tassez et arrosez. Ne laissez pas d'eau stagnante dans la soucoupe.

- **Pour les graines :** dans un premier temps, tassez fortement le terreau dans votre contenant. Puis, semez à la volée directement en place, en éparpillant les graines de façon aléatoire mais le plus régulièrement possible pour couvrir tout le terreau. Recouvrez vos graines de 2 cm de terreau. Tassez doucement et arrosez en utilisant la pomme de l'arrosoir pour obtenir une pluie fine. Laissez les graines pousser, puis éclaircissez en dégustant les racines des jeunes pousses encombrantes qui seront croquantes à souhait.

CALENDRIER DE CULTURE

Avril > Semez à la volée ou transplantez directement en place arrosez.
Mai > Suivez l'arrosage.
Juin > Suivez l'arrosage.
Juillet > Premières récoltes ? Semez à nouveau.
Août > Arrosez. Récoltez.
Septembre > Récoltez.
Octobre > Fin des légumes d'été, vive les variétés d'hiver !

❖ Le suivi pendant la saison

Les points clés avec les légumes-racines sont l'exposition et l'arrosage. Et les plantes n'ont pas toutes les mêmes besoins. Les carottes préfèrent une exposition ensoleillée, mais tolèrent la mi-ombre ; le terreau doit être léger et bien drainant pour que la culture se déroule de façon optimale. Pour les navets, c'est une autre histoire puisqu'ils doivent être installés à la mi-ombre, dans un terreau toujours humide mais non détrempé. Les légumes, même aux besoins importants en eau, ne sont pas des plantes aquatiques. Veillez à bien suivre les instructions préconisées sur le sachet de graines ou l'étiquette des plants que vous avez choisis.

N'ajoutez pas d'engrais. Si vous avez installé un bon terreau naturellement riche et surtout ne contenant pas d'engrais chimique, vos plants auront tout ce qu'il leur faut pour pousser généreusement. Chaque année, pensez à changer le terreau de vos contenants car il risque d'être épuisé par vos légumes-racines.

▲ Semis de radis de 18 jours.

❖ Quelques variétés sympas

- **Betterave rouge** 'Noire plate d'Égypte' : racine aplatie, violacée.
- **Carotte** 'Marché de Paris' : idéale en pot.
- **Fenouil** 'Cristal' : semis direct en place.
- **Navet d'été** 'Des Vertus Marteau' : à semer de mars à juin.
- **Navet d'hiver** 'Blanc dur d'hiver' : à semer de juin à août.
- **Oignon** 'Jaune de Mulhouse' : bulbe plat.
- **Radis rose** 'Bamba' : hâtif, peu piquant.

FOCUS SUR LA BETTERAVE

Description

La betterave potagère appartient à la même espèce que la poirée, mais elle, on la cultive d'abord pour sa racine pivotante tubérisée. Il existe plus de 130 variétés aux formes rondes, globuleuses, plus ou moins plates et même parfois longues, comme l'excellente betterave 'Crapaudine'. Les couleurs peuvent aussi varier ; on trouve des racines blanches, jaunes et roses et même bicolores blanc et rose comme la 'Chioggia'. Les feuilles vertes de la plante se développent en rosette insérée sur le dessus du tubercule. Elles sont oblongues et mesurent de 15 à 30 cm de long avec de longs pétioles rouges. Les feuilles sont comestibles, elles ont la saveur et la texture de l'épinard.

Technique culturale

Semez directement en place, en avril. Optez pour un terreau potager, enterrez les graines par poquets de 3 ou 4, à 2 cm de profondeur, en les espaçant les unes des autres de 15 cm de toutes parts. Positionnez le contenant en situation ensoleillée, arrosez après le semis. Pendant la saison, suivez l'arrosage en laissant sécher le terreau entre deux apports d'eau, et sans eau stagnante dans la soucoupe. En cas de fortes chaleurs, arrosez régulièrement pour éviter la montée en graines. Vous pouvez pailler avec de la paillette de chanvre. Les betteraves sont rustiques. La récolte peut se faire de juillet à l'hiver.

Trucs & astuces

- La betterave se développe bien à proximité des laitues, des choux et des oignons, mais éloignez-la des poireaux et des épinards.
- On la consomme bouillie à l'eau, mais aussi râpée crue en salade, grillée ou rôtie en légume d'accompagnement.
- Dès juillet, récoltez la betterave au fur et à mesure de vos besoins.

FOCUS SUR LA CAROTTE

Description

La carotte est une plante vivace – qui vit plusieurs années –, mais au potager on la gère comme une annuelle, car les récoltes sont abondantes seulement la première année d'installation. Cultivée pour sa racine pivotante charnue comestible, la carotte ne se repique pas, mais est semée directement en place. Il en existe plus de 500 variétés différentes, de formes plus ou moins longues, et certaines variétés présentent même des racines rondes. Elles peuvent être de couleur blanche, jaune, rouge, violette. Quelle que soit la couleur, la carotte est riche en vitamines et carotène – ce dernier améliore le teint. Les feuilles sont élancées et fines, les jeunes fanes peuvent être consommées.

Technique culturale

Semez directement en place, à la volée, dès mars. Optez pour un contenant d'au moins 50 cm de profondeur, versez des billes d'argile dans le fond, recouvrez d'un feutre de jardin et utilisez un terreau potager léger ou ajoutez du sable en mélange. Installez le pot en situation ensoleillée ou légèrement ombragée, arrosez après le semis. Pendant la saison, suivez l'arrosage en laissant sécher le terreau entre deux apports d'eau, et sans laisser d'eau stagnante dans la soucoupe. En cas de fortes chaleurs, arrosez régulièrement. Vous pouvez pailler avec de la paillette de lin. Semez tout au long de la saison : les variétés précoces se récoltent 2 mois après le semis, les variétés d'été 3 à 4 mois après le semis, les variétés longues d'hiver 6 mois après le semis.

Trucs & astuces

- Ajoutez les fanes de carottes dans la soupe car elles contiennent des sels minéraux.
- Semez en mélange graines de carottes et de radis roses : l'éclaircissage se fera plus simplement avec la récolte plus précoce des radis.
- Plantes compagnes : choux, épinard, haricot, laitue, poivron, radis, tomate.
- Plantes ennemies : bette, betterave, menthe.

FOCUS SUR LE FENOUIL

Description

Originaire d'Europe méridionale, le fenouil est une plante aromatique vivace cultivée comme une annuelle. La racine est ligneuse. La tige buissonnante peut monter à près de 1,80 m de haut. C'est la base des tiges, formée par ses pétioles larges et épais qui s'imbriquent les uns dans les autres pour donner une pomme d'un blond nacré et vert anis, à la saveur anisée, que l'on va consommer en priorité. La plante fleurie de juin à août et les graines qui suivent ont, elles aussi, une saveur anisée. Reconnu pour ses vertus nutritives, le légume est également digestif et antioxydant.

Technique culturale

Semez directement en place, au mois de mai, lorsque le sol est réchauffé. Optez pour un contenant d'au moins 50 cm de profondeur. Utilisez un terreau potager léger, et semez en espaçant les graines de 40 cm de toutes parts. Installez le pot en situation ensoleillée, arrosez après le semis. Pendant la saison, suivez l'arrosage en gardant le terreau humide mais pas détrempé, ne laissez pas d'eau stagnante dans la soucoupe. En cas de fortes chaleurs, arrosez régulièrement pour éviter la montée en graines. Vous pouvez pailler avec de la paillette de lin. Buttez les « bulbes » de fenouil au fur et à mesure de leur pousse pour les aider à blanchir. Une fois qu'ils ont atteint 15 cm, enlevez la butte.

Trucs & astuces

- Placez le fenouil proche des navets et des laitues, les limaces n'aiment pas son odeur. Éloignez-le des choux, des carottes, des haricots et de la tomate, ils ne font pas bon ménage.
- Dès les premières gelées, récoltez tous vos fenouils.
- Récoltez les graines au bout des petites fleurs jaunes ; elles servent de condiment.

FOCUS SUR LE NAVET

Description

Originaire d'Asie, la plante herbacée bisannuelle est cultivée comme une annuelle. Elle appartient à la grande famille des Brassicacées (ou Crucifères), comme les choux ou le radis. Il existe plus de 30 variétés différentes. On cultive le navet pour sa racine charnue de forme et de couleur variées : ronde, aplatie ou allongée, blanche, violette, rose ou jaune. Sa culture est simple : il existe des variétés de printemps à semer de mars à juin et des variétés dites d'hiver à semer de juillet à septembre. Son goût est proche du radis, plus ou moins piquant. On le cuisine en potage, il agrémente les pot-au-feu, accompagne les viandes, écrasé en purée.

Technique culturale

Semez directement en place, à la volée, au mois d'avril. Utilisez un terreau potager léger. Installez le pot en situation légèrement ombragée, arrosez après le semis. Pendant la saison, suivez l'arrosage en gardant le terreau humide mais pas détrempé, et sans laisser d'eau stagnante dans la soucoupe. En cas de fortes chaleurs, arrosez régulièrement pour éviter la montée en graines. Paillez avec de la fine paillette de lin. Récoltez au fur et à mesure de vos besoins. Arrachez les variétés d'automne juste avant les gelées, car le navet craint le gel.

Trucs & astuces

- Les navets de printemps peuvent se récolter tôt, pour avoir des légumes primeurs.
- Placez les navets à proximité des carottes, épinards, haricots, laitues ou menthes. Éloignez-les des choux et oignons.
- Les fanes de navets se consomment en soupe et remplacent délicieusement les épinards.

FOCUS SUR L'OIGNON

Description

Originaire d'Asie centrale, l'oignon (*Allium cepa*) est une vivace de la famille des Liliacées. Son bulbe développe des feuilles creuses, une tige plus ou moins haute, couronnée par une grosse hampe florale à tête ronde constituée de jolies petites fleurs blanches ou mauves. Il existe nombre de variétés d'oignons, différents de taille, de couleur, de goût et de période de maturité. Les jaunes se récoltent en septembre, les blancs sont des primeurs récoltés avant maturité, les rouges se récoltent avant les gelées automnales. L'oignon est riche en vitamines et contient des sels minéraux et des oligoéléments.

Technique culturale

Il existe deux possibilités : le semis de graines de février à avril, ou la plantation des bulbilles en mars et avril. Cette dernière méthode est la plus simple. Optez pour un contenant d'au moins 30 cm de profondeur, versez des billes d'argile dans le fond du pot, recouvrez d'un feutre de jardin et utilisez un terreau potager léger. Plantez les bulbes espacés de 10 cm les uns des autres. Installez le pot en situation de plein soleil, arrosez après la plantation. Pendant la saison, laissez sécher le terreau entre deux apports d'eau, sans eau stagnante dans la soucoupe. Récoltez en primeur au fur et à mesure de vos besoins, ou quand les tiges sont sèches.

Trucs & astuces

- Consommez les tiges lorsqu'elles sont vertes et fraîches ; elles ont un goût d'oignon.
- Pour une meilleure conservation, une fois les tiges jaunies, retirez les oignons du terreau et laissez-les sécher à l'air libre, mais pas sous la pluie.
- L'oignon rocambole produit des bulbilles aériennes au délicieux goût d'échalote ; il est perpétuel.

▲ Menthe asiatique.

MENTHE

Poivrée, verte, bergamote, citron, pomme, orange… Autant de parfums pour une seule et même plante ? La menthe a plus d'un arôme qui vont enchanter petits et grands.

❖ Ma menthe à moi

Selon l'espèce, la menthe est originaire d'Asie Mineure mais aussi d'Europe, de Corse ou d'Italie. C'est une vivace rustique qui ne craint pas le froid, mais sa partie aérienne sèche à l'automne pour mieux redémarrer dès le printemps suivant.

La plante est envahissante quand elle est installée en pleine terre : ses racines gagnent du terrain d'année en année, pour étouffer tout ce qui se trouve sur son chemin. La culture en pot limite sa propagation. Toutefois, cultivez-la de préférence seule dans son pot et variété par variété.

La menthe occupe une partie importante dans notre vie : elle nous rafraîchit. On la boit en sirop à l'eau durant tout l'été ou même en thé, on en agrémente les salades mais aussi les fruits frais, et pour l'hygiène dentaire elle n'a pas son pareil. Côté santé, c'est une des plantes médicinales les plus célèbres. Elle a des qualités digestives, carminatives, antiseptiques, toniques et stimulantes. Elle participerait même à l'équilibre digestif et améliorerait le tonus général.

Quand le vent s'invite au balcon, le parfum de la menthe envahit l'espace… Que du bonheur !

❖ Choisir une menthe

La menthe est présente dans les rayons jardin presque toute l'année. Comme c'est une vivace vendue en pot, vous pouvez la planter en toute saison en dehors des périodes de gel. Elle se trouve facilement dès l'automne, mais aussi au printemps. Toutefois, préférez une plantation au printemps ; la menthe poussera rapidement et vous en profiterez dès la première année.

Faites votre choix en fonction de son parfum : vous aimez la bergamote, le citron, l'anis ? Pensez avant tout à l'utilisation que vous allez en faire, car vous allez forcément avoir envie de faire infuser quelques feuilles, d'en couper sur le taboulé, ou encore d'en décorer une coupe de glace au chocolat.

La menthe participera à la vie de votre balcon par son parfum. Le soir, vous apprécierez de vous asseoir à proximité et de passer la main dans ses feuilles. Le plus compliqué, finalement avec la menthe, c'est le choix du parfum.

❖ Comment planter la menthe ?

Installez vos menthes en vasques ou en potées plutôt qu'en balconnières. Les balconnières sont peu profondes, or il faudra au moins 30 cm pour satisfaire leurs racines traçantes.

Remplissez vos contenants d'un terreau de plantation, puis creusez un trou de la taille du conteneur. Retirez le pot en plastique puis, à l'aide d'une griffe, grattez les racines de la motte pour les aérer et les aider à bien s'installer. Posez la plante dans le trou, ajoutez du terreau et tassez. Arrosez. Selon les espèces, la menthe aime les situations ensoleillées ou mi-ombragées, mais elle est tellement solide qu'elle s'adaptera.

TRUCS & ASTUCES

- Les feuilles de menthe séchées gardent très bien leurs vertus aromatiques. Durant la saison, pensez à couper quelques tiges et à les suspendre tête en bas dans un endroit aéré. Vous pourrez ensuite conserver les feuilles dans une boîte hermétique.
- Un petit souci d'haleine ? Mâchez une feuille de menthe et le problème est résolu pour quelques heures.
- La menthe corse est une variété peu rustique. Dans les régions aux hivers rigoureux, placez-la en situation abritée du froid, du vent et du gel.

❖ Le suivi pendant la saison

Pensez à arroser régulièrement vos potées en laissant sécher le terreau entre deux apports d'eau. Si vous avez manqué un ou deux arrosages, ce n'est que moyennement grave : la menthe supporte assez bien les périodes de sécheresse. Mais rappelez-vous qu'aucun végétal ne peut vivre sans eau ! Et quand il s'agit de

▲ Menthe coq.

plante en pot, c'est encore plus vrai, car l'évaporation due au soleil se fait plus rapidement. Toutefois, pensez à retirer l'eau stagnante de la soucoupe.

La floraison aura lieu en été et va durer plus d'un mois. Une fois les fleurs fanées, coupez les hampes sèches et mettez-les au compost. Pas besoin d'engrais, la plante pousse vite. Au fil de la saison, supprimez les feuilles flétries ou abîmées.

D'une bonne rusticité, votre menthe peut rester sur le balcon toute l'année. Veillez tout de même à l'installer en situation abritée du gel pendant l'hiver. Surveillez l'eau stagnante et le gel qui pourraient endommager les racines. Après le passage hivernal, en mars, vous pouvez couper court toute la touffe sèche afin de favoriser le démarrage des nouvelles pousses et de renforcer votre plante.

❖ Quelques variétés sympas

En voici pour tous les goûts !

- **Menthe corse** : couvre-sol aux petites feuilles.
- **Menthe coq** : feuilles dures au goût amer.
- **Menthe poivrée** : c'est celle qui parfume les dentifrices.
- **Menthe orange** : parfum d'orange.
- **Menthe citron** : parfum de citron.
- **Menthe bergamote** : parfum de bergamote.
- **Menthe anis** : parfum anisé.
- **Menthe pomme** : parfum de pomme…

CALENDRIER DE CULTURE

Mars > Achetez les menthes de votre choix, installez-les dans leurs contenants avec un bon terreau enrichi.

Avril > Profitez du feuillage, arrosez mais sans laisser d'eau stagnante dans la soucoupe.

Mai > Profitez encore, arrosez.

Juin > Les premières fleurs arrivent, retirez les feuilles flétries.

Juillet > Profitez toujours du parfum, arrosez.

Août > Coupez les hampes florales desséchées.

Septembre > Coupez quelques tiges à faire sécher, arrosez.

Octobre > Réduisez les arrosages, retirez les feuilles mortes.

Novembre > Placez vos potées en situation abritée du vent et du gel.

Mars > Coupez court pour favoriser la repousse.

▲ Menthe citron.

▲ *Tagetes erecta* 'Perfection orange'.

ŒILLET D'INDE

Vous aimez les couleurs chaudes et toniques ? Installez l'œillet d'Inde chez vous. C'est la puissance et l'élégance de certains coins de paradis à portée de balcon !

❖ Œillet… dingue

L'œillet d'Inde est une plante annuelle ne dépassant pas 40 cm de haut, originaire d'Amérique centrale. Petite mais solide, elle fleurit de mai aux premières gelées. Dès les premiers froids, elle tirera sa révérence et il vous faudra en racheter au printemps suivant.

Il est aussi appelé tagète ou encore safran du pauvre. Ses pétales sont comestibles et ses propriétés colorantes ne sont plus à démontrer. Compte tenu de ses origines, l'œillet d'Inde préfère le plein soleil, mais peut s'adapter à la mi-ombre.

L'œillet d'Inde pousse très rapidement, pour former une belle touffe au feuillage vert foncé. Son odeur est assez puissante et elle fait fuir plus d'un insecte ravageur comme les pucerons et les aleurodes. Ses racines dégagent du thiophène qui a un effet inhibiteur sur la pousse du chiendent et des liserons. C'est pour toutes ces bonnes raisons qu'on l'adore, notre œillet d'Inde !

❖ Choisir un œillet d'Inde

La plante est proposée dans les rayons jardin, en godets, dès le printemps. Si vous habitez au nord de la Loire, installez vos œillets d'Inde après les saints de glace (11, 12 et 13 mai). Malgré tout, après ces dates repères, soyez vigilant et suivez bien les prévisions météorologiques. Choisissez vos plantes dès qu'elles sont en vente et placez-les en situation abritée du vent et du gel en attendant des jours meilleurs. Au sud de la Loire, vous pouvez installer vos

▲ Œillets d'Inde 'Durango'

TRUCS & ASTUCES

• Récupérez des capsules de graines sur des fleurs fanées, faites-les sécher et mettez-les dans une petite enveloppe marquée du nom de la plante pour la saison suivante.

• Si certaines de vos plantes sont infestées de pucerons, placez l'œillet d'Inde à leurs côtés. Son odeur fait fuir les pucerons et autres petites mouches.

• Installé prêt de vos plants de tomate, l'œillet d'Inde limite le mildiou.

œillets d'Inde dès avril. Toutes les variétés ont des couleurs chaudes : jaune, orange, brun, rougeâtre. Les œillets d'Inde peuvent être plus ou moins grands. Il existe même des variétés naines, mais aucun ne dépassera 50 cm de haut et de large.

❖ Comment planter l'œillet d'Inde ?

Remplissez vos balconnières d'un terreau enrichi. Retirez les plants des godets et veillez à défaire délicatement les racines. Creusez un trou de la taille du godet dans le terreau, placez la motte dedans, tassez et arrosez. Ne laissez pas d'eau stagnante dans la soucoupe car l'œillet d'Inde craint particulièrement le pourrissement des racines.

❖ Le suivi pendant la saison

Pensez à arroser, mais laissez sécher le terreau entre deux apports d'eau. L'œillet d'Inde est généreux et va donner beaucoup de fleurs. Il est également gourmand, alors n'hésitez pas à lui apporter régulièrement un engrais biologique spécial fleurs. Suivez bien les doses prescrites par le fabricant, car l'excès d'engrais sera néfaste pour votre végétal.

Pour l'œillet d'Inde, un autre point est capital : éliminer régulièrement les inflorescences fanées. La plante produit beaucoup de graines ; en retirant ces capsules de graines en formation, vous lui permettez de mettre toute son énergie dans sa floraison, qu'elle développera avec abondance.

❖ Quelques variétés sympas

- 'Arlequin' : variété assez haute (50 cm), à fleurs jaunes avec des rayures brunes.
- 'Honeycomb' : de 25 cm de haut, à grandes fleurs doubles bicolores.
- 'Orange Winner' : de 20 cm de haut, à fleurs doubles orange vif.
- 'Safari Tangerine' : de 25 cm de haut, précoce et très florifère, à fleurs doubles orange intense.

CALENDRIER DE CULTURE

Mars > Repérez vos œillets d'Inde en magasin et prévoyez leur contenant.

Avril > Au nord de la Loire, installez vos jardinières à l'abri du froid. Au sud de la Loire, installez-les au balcon en situation ensoleillée.

Mai > Au nord de la Loire, attendez la fin des gelées.

Juin > Arrosez régulièrement, en laissant sécher le terreau entre deux apports d'eau.

Juillet > Arrosez sans laisser d'eau stagnante dans la soucoupe, apportez de l'engrais.

Août > Continuez l'arrosage, retirez les fleurs fanées, récupérez quelques capsules de graines.

Septembre > Profitez encore de vos plantes.

Octobre > Arrachez vos œillets d'Inde, direction le compost.

▲ Œillets d'Inde 'Légion d'honneur'.

▲ Olivier 'Verdelet'.

OLIVIER

L'olivier est une plante dont on raffole. Tout le monde rêve d'en avoir un sur le balcon. Plante du Midi par excellence, l'arbre symbole de paix, de sagesse et d'éternité, va donner une petite note méditerranéenne à votre décor.

❖ Un bellâtre au balcon

L'olivier est un arbre ! Et dans une situation normale – entendez par là, planté en pleine terre –, le spécimen peut culminer à 20 m de haut. Bien sûr, contenu en pot, ses racines ne pouvant pas se développer de façon importante, l'olivier n'atteindra pas cette taille. Ce végétal est une plante rustique mais seulement jusqu'à -8 °C environ. Donc, dans les régions aux hivers rigoureux, prévoyez une pièce hors gel et lumineuse pour le faire hiverner. L'olivier aura besoin de cette période de froid pour bien se développer. Dans les régions aux hivers doux, laissez-le sur le balcon, en l'abritant des vents et du gel. Avec ses origines culturales méditerranéennes, sachez que votre arbre aime le soleil et déteste avoir les pieds dans l'eau.

Son feuillage gris argenté étant persistant, il le gardera toute l'année. Ce ne sont pas toujours les mêmes feuilles qui resteront sur votre olivier ; un renouvellement continu s'opère, si bien que vous ne vous apercevrez pas de la chute des feuilles puisque la ramure sera toujours garnie.

L'arbre, de croissance lente, apporte une présence incomparable. Avec son tronc gris-noir, strié, souvent noueux et crevassé, il a un charme fou. D'avril à juin selon les régions et les variétés, vous pourrez observer des fleurs blanches. En pot, dans sa zone naturelle de culture, votre olivier produira peut-être quelques fruits. Mais, pour

TRUCS & ASTUCES

• L'olivier est superbe en isolé, mais il est aussi tout indiqué pour recréer une jolie scène méditerranéenne. Placez-le en compagnie de lavandes et de romarins, les nuances de feuillage composant un beau tableau qui rappelle le Midi.

• Pot ou bac, pourquoi ne pas choisir une belle poterie en terre cuite ? Ce matériau ne craint pas le gel et son aspect naturel ajouté à la beauté de l'arbre est un vrai plaisir visuel. Succès garanti !

• Si vous avez des rongeurs à la maison et particulièrement des lapins, protégez votre olivier. Dans ses 3 à 5 premières années, l'olivier est très prisé par ces gentilles bêtes qui dévorent l'écorce jusqu'au bois.

les sujets cultivés en dehors de sa zone originelle, la récolte ne sera pas grosse. En pot, cet arbre est avant tout ornemental, c'est un spectacle à lui tout seul.

❖ Choisir un olivier

Dans le Midi, l'olivier est proposé toute l'année dans les rayons jardin. Dans les régions situées au nord de la Loire, vous le trouverez au printemps. Préférez l'installer au printemps pour ne prendre aucun risque d'une part, et pour ne pas être obligé de commencer par la protection hivernale, d'autre part.

La règle est simple avec l'olivier : plus il est gros, plus il est costaud et plus il tiendra au gel. Mais ce n'est pas évident d'installer un gros sujet au balcon, alors choisissez un végétal qui vous convienne par sa taille et son aspect général. La taille est importante, car l'arbre a une croissance très lente. Visez l'esthétisme et un bon équilibre pour avoir un beau sujet au balcon.

❖ Comment planter l'olivier ?

L'olivier s'adapte très bien à une culture en bac. Choisissez le contenant adéquat en fonction de sa taille : la hauteur du bac doit représenter environ le tiers de la hauteur de la plante.

Prévoyez un bon terreau, bien drainant, qui ne garde pas l'eau. Pour mettre toutes les chances de votre côté, disposez des billes d'argile dans le fond du bac ; le drainage n'en sera que meilleur. Prévoyez une épaisseur de billes d'environ un dixième de la hauteur du contenant et couvrez-la d'un feutre de jardin afin de ne pas laisser filer le terreau à l'arrosage. Remplissez votre bac de terreau et creusez un trou au centre. Retirez ensuite l'arbre du pot en plastique puis, à l'aide d'une griffe manuelle, grattez les racines de la motte pour les aérer et les aider à bien s'installer. Placez votre olivier dans le trou. Le dessus

▲ *Olea europaea.*

de la motte doit effleurer la surface du substrat. Ajustez en conséquence en rajoutant ou retirant du terreau sous la motte. Une fois l'ajustement en hauteur effectué, comblez les espaces vides sur les côtés avec du terreau. Tassez fortement. Arrosez. Placez votre plante en situation ensoleillée, à l'abri des vents. Ne laissez jamais d'eau stagnante dans la soucoupe.

❖ Le suivi pendant la saison

Pensez à arroser votre olivier de temps en temps, mais surtout laissez bien sécher le terreau entre deux apports d'eau. Cet arbre supporte aisément la sécheresse, mais rappelez-vous qu'aucune plante ne peut vivre sans eau, surtout en pot. Un point est crucial et impératif si vous voulez réussir votre culture : retirez systématiquement l'eau stagnante de la soucoupe. C'est vital pour votre olivier.

▲ Olivier de 6 ans, taillé en bonsaÏ.

CALENDRIER DE CULTURE

Avril > Achetez votre olivier et prévoyez son contenant, le terreau, les billes d'argile et le feutre ; installez-le exposition plein sud et à l'abri des vents.

Mai > Arrosez en laissant sécher le terreau entre deux apports d'eau ; apportez de l'engrais.

Juin > Arrosez avec parcimonie, apportez de l'engrais.

Juillet > Profitez de votre plante.

Août > Arrosez avec parcimonie.

Septembre > Réduisez encore l'arrosage.

Octobre > Au nord de la Loire, rentrez votre olivier ; au sud de la Loire, surveillez les températures.

Novembre > Au sud de la Loire, besoin de protection ?

Février > Petite taille esthétique.

Pendant toute la saison, laissez exclusivement votre olivier en situation chaude et ensoleillée, à l'abri des vents. Une exposition plein sud lui va évidemment à ravir.

Apportez-lui un peu d'engrais spécial oliviers – il en existe. Une plante se développe mieux lorsqu'elle peut se nourrir correctement. Suivez bien les doses prescrites par le fabricant, ni plus, ni moins.

Dans les régions situées au nord de la Loire, rentrez votre arbre avant les premières gelées, dans une pièce hors gel, peu chauffée et lumineuse. Dans les régions aux hivers doux, surveillez les températures sur votre balcon et protégez votre végétal au besoin.

L'arbre nécessite une petite taille annuelle. Ici, il ne s'agit pas de favoriser la récolte, donc l'opération est simplement esthétique. Le but consiste à conserver une tige unique en éliminant les pousses à la base ou le long du tronc. Cette taille devra être effectuée en fin d'hiver. Pour les branches supérieures, vous allez former une couronne évasée de façon que toutes les feuilles reçoivent la lumière.

❖ Quelques variétés sympas

- 'Luques', 'Picholine du Gard', 'Amellau', 'Cailletier', 'Grossanne', 'Frantoio'...

Mais, après tout, comme vous ne verrez de toute façon pas ou peu d'olives et comme vous ne ferez pas non plus votre propre huile, choisissez l'arbre ornemental sur son aspect général !

PENSÉE

▲ Pensées 'Penny'.

Je pense… donc je suis. Et je la suis même de très, très près… la pensée. Mieux, je lui fais la part belle parce qu'elle égaie mon balcon d'hiver, et ça compte, je pense !

❖ Elle s'appelle Viola

Il fallait y penser à la pensée sur le balcon. Parce que quand il n'y en a pas, elle manque cruellement et on se dit : j'aurais dû y penser !

La pensée est une petite vivace à durée de vie éphémère, de la famille des Violacées. Il est préférable de la considérer comme une bisannuelle. Bisannuelle, qu'est-ce que ça veut dire ? Une bisannuelle est une plante dont le cycle de développement se déroule sur 2 ans. Vous la mettez en place dès l'automne et elle va fleurir jusqu'en juin de l'année suivante.

Cette petite plante n'excède pas 20 cm en tous sens. Elle peut être placée en plein soleil ou à la mi-ombre. Toutefois, installez-la de préférence dans un endroit abrité où la température ne descend pas sous -5 °C, si vous voulez profiter de ses fleurs en continu d'octobre à juin.

La plante produit des feuilles en forme de cœur ou ovales, et des fleurs portées par de fines tiges. Sa cousine est la violette, s'il fallait le préciser. Belle famille, généreuse, dynamique et facile à cultiver. Pensez à ces jolies pensées, elles ont un vrai rôle à tenir sur nos balcons déco.

❖ Choisir une pensée

La plante est présente dans les commerces spécialisés, en godets, en automne. Vous ne pouvez pas la manquer avec ses multitudes de couleurs éclatantes.

Mettez-la en place sans attendre. Au nord de la Loire, préférez une exposition abritée pour éviter de lui faire subir des températures passant sous la barre des -5 °C.

La pensée sera en fleur, alors choisissez-la en fonction de vos goûts. Composez une belle potée avec une ou au maximum deux couleurs de la même variété. L'effet n'en sera que plus joli, car les mélanges excessifs de couleurs donnent parfois un style peu raffiné dont on se lasse rapidement.

En dehors des tons bleus, violets, jaunes et blancs qui caractérisent les espèces botaniques pures, il existe une foule de nuances. Vous pouvez aisément habiller votre balcon en fonction de son exposition. Par exemple, s'il est plutôt ombragé, choisissez des pensées de couleurs vives comme le jaune et l'orange, qui apporteront un peu de « chaleur » par le biais de ces couleurs dites chaudes. S'il est exposé plein sud, préférez des couleurs dites froides comme le bleu, pour le « rafraîchir ».

❖ Comment planter la pensée ?

Remplissez votre balconnière ou votre potée d'un terreau pour plantes fleuries, en choisissant des contenants d'au moins 30 cm de profondeur. Une fois le terreau en place, retirez avec soin le godet en plastique de vos plants, et veillez à défaire délicatement les racines. Creusez un trou de la taille du godet dans le terreau, placez la petite motte dedans, tassez et arrosez. Veillez à ne pas laisser d'eau stagnante dans la soucoupe car la pensée, comme beaucoup de plantes, redoute le pourrissement des racines.

❖ Le suivi pendant la saison

La pensée aime se trouver dans du terreau toujours humide. Songez à assurer un arrosage régulier et en petites quantités.

Elle va donner beaucoup de fleurs ; n'hésitez pas à lui apporter un engrais biologique spécial fleurs. Suivez bien les doses prescrites par le fabricant, car l'excès d'engrais est néfaste pour vos plantes. En surdose, il pourrait brûler les radicelles,

▲ Pensées 'Plentifall Purple Wing'.

TRUCS & ASTUCES

• Paillez le terreau de vos pensées : paille de lin, billes d'argile ou copeaux de chanvre seront idéaux, car vous pourrez facilement étaler la matière sans pour autant étouffer les petites plantes.

• Les pensées donnant pas mal de graines, vous aurez sans doute le plaisir d'en voir repousser dans d'autres contenants, portées par le vent.

• La pensée est une fleur comestible, sa saveur rappelle le jasmin. Assez neutre au goût mais épaisse en bouche, elle agrémente les plats principaux et embellit certains desserts comme les crèmes, compotes, glaces…

celles-là mêmes par lesquelles les plantes s'alimentent. Et si les radicelles sont brûlées, cela signifie à coup sûr la mort du végétal, ce qui serait dommage.

Les pensées sont sensibles au mildiou, c'est pourquoi il est conseillé de marier vos potées avec des œillets d'Inde car ces derniers limitent la propagation de cette maladie.

Une fois la floraison automnale terminée, jetez vos plantes au compost car elles ont fini leur cycle.

CALENDRIER DE CULTURE

Septembre > Repérez vos plantes en magasin.

Octobre > Installez-les au balcon.

Novembre > Arrosez en dehors des périodes de gel et retirez les fleurs fanées.

Décembre, janvier, février > Arrosez le midi, protégez avec un voile d'hivernage en cas de grand froid.

Mars, avril > Apportez de l'engrais, retirez les fleurs fanées.

Mai, juin > Fin de vie pour les pensées, mettez-les au compost.

❖ Quelques variétés sympas

Voici quelques espèces et variétés de la famille des pensées que vous trouverez facilement en magasin.

- La violette odorante (*Viola odorata*) symbolise l'arrivée du printemps. Originaire d'Europe centrale et méridionale, elle s'est depuis longtemps répandue dans les taillis, puis dans nos jardins. Ses feuilles largement ovales naissent en rosette. Ses fleurs violet foncé exhalent un délicieux parfum.

- La violette cornue (*Viola cornuta*), à grosses fleurs, ressemble beaucoup aux pensées et donne du mois de mai jusqu'à l'automne de belles fleurs aux merveilleuses couleurs.

- *Viola* x *wittrockiana* : c'est la pensée dont il est question, avec une macule noire en son centre. Il en existe bon nombre de variétés : 'Géante de Suisse', 'Géante d'Aalsmeer', 'Des Alpes'... Choisir selon ses goûts est encore le plus simple.

▲ Pensées 'Penny', variété retombante.

▲ Myrtille 'O'neal'.

PETITS FRUITS

Ah, les fraises et les framboises ! Plus ? Ah, les groseilles et les cassis ! Encore plus ? Ah, le raisin et les myrtilles ! N'hésitez plus, vous pouvez avoir de belles récoltes de petits fruits au balcon !

❖ Cinq fruits par jour ?

Faites-vous du bien en accueillant des vitamines au balcon. Malgré leur taille modeste, tous les petits fruits ne sont pas fans de plantation en pots. Néanmoins et pour notre plus grand plaisir, certains se révèlent de véritables compétiteurs de pots ! En plus, vous les garderez d'une année sur l'autre, car ce sont des arbustes et des plantes vivaces qui résistent bien au gel. Plantez les fraisiers en potées ou suspensions, les framboisiers, cassissiers, caseilles, myrtilles, vignes et groseilliers en gros bacs. À l'inverse des arbres fruitiers, les petits fruits donnent dès la première, parfois la deuxième année d'installation. Vous n'aurez pas à attendre pour déguster leur production. Les petits et grands enfants vont adorer !

Il est possible d'étaler les récoltes de mai jusqu'aux premières gelées. Pour cela, il vous suffit de choisir des espèces ou variétés dont la période de maturité est différente.

Il existe des variétés dites « remontantes » et des variétés « non remontantes ». C'est le cas chez les framboisiers et les fraisiers, par exemple. Cette notion fait référence à la sève de la plante : une sève qui remonte va donner deux fois dans la saison, tandis qu'une sève qui ne remonte pas donnera une production unique. Pourquoi choisir un non remontant ? Parce que chaque variété à un goût, une saveur et un taux de sucre différents, et peut-être que celle qui vous plaira le plus en goût sera non remontante.

Variez les plaisirs et les périodes de récolte. C'est possible avec les petits fruits, alors profitez-en pour vous régaler !

❖ Choisir les petits fruits

Les petits fruits sont vendus en pots et présents pratiquement toute l'année dans les rayons jardin. Une plante proposée dans son pot avec sa motte de terre peut être plantée en toute saison en dehors des périodes de gel. Mais préférez l'automne pour cette opération, c'est LA période de référence.

Le choix de votre petit fruit dépendra de vos goûts et de vos habitudes culinaires : fraises au sucre, framboises chantilly, tarte aux myrtilles, sirop de cassis, gelée de groseille, quelles sont vos préférences ? Les groseilles, cassis, framboises, raisins, fraises ont besoin de soleil ; il leur faudra donc une belle place exposée à la lumière. La myrtille cultivée préfère une exposition mi-ombragée et une terre plutôt acide.

Après cela, il faut choisir la variété dans chaque espèce, et là aussi c'est une question de goût. Les fraises sucrées rondes et croquantes, quand voulez-vous les récolter ? Les framboises, les voulez-vous de juin à octobre, rouges ou jaunes, sucrées ou acides ? Vous aimez la caseille, hybride d'un groseillier et d'un cassissier ? Toutes ces plantes étant de petite ou de moyenne taille, la porte de votre balcon leur est donc ouverte.

❖ Comment planter les petits fruits ?

Choisissez le contenant adéquat en fonction de la taille adulte de la plante : sa hauteur doit représenter environ le tiers de la hauteur du végétal. Néanmoins, pour le fraisier qui est une plante très gourmande, les potées ou les suspensions devront avoir une profondeur de 30 cm. Pour les framboisiers, un pot de 40 cm de profondeur sera idéal. Mettez de préférence une seule plante par pot.

▲ Groseille 'Laxton'.

TRUCS & ASTUCES

- Si vous avez beaucoup d'oiseaux dans les parages, préférez le framboisier jaune. Cette variété est dédaignée par les volatiles, car ils sont moins attirés par la couleur.
- Au pied de votre groseillier, plantez de la citronnelle pour faire fuir les parasites.
- Pour la vigne, préférez une variété à petit développement ; 'Perdin' est tout indiquée pour les pots.

Toutes les espèces évoquées sont à installer dans un terreau de plantation, sauf la myrtille qui a impérativement besoin de terre de bruyère, car c'est une plante de terrain acide.

Remplissez votre potée du terreau adéquat, creusez un trou au centre. Retirez le pot en plastique de votre plante puis, à l'aide d'une griffe, grattez les racines de la motte pour les aérer et les aider à bien s'installer. Placez votre végétal dans le trou. Le dessus de la motte doit effleurer la surface du substrat. Ajustez en conséquence en rajoutant ou retirant du terreau sous la motte. Une fois la plante bien en place, comblez les espaces vides sur les côtés avec du terreau. Tassez fortement. Arrosez.

▲ Groseiller 'Wilder'.

CALENDRIER DE CULTURE

Septembre > Achetez votre petit fruit et prévoyez son contenant, le terreau ; installez-le à l'exposition qui convient en fonction de l'espèce choisie.

Octobre > Arrosez en laissant sécher le terreau entre deux apports d'eau.

Novembre > Protégez du froid et du gel.

Décembre > Arrosez avec parcimonie en dehors des périodes de gel.

Mars > Procédez à une petite taille.

Avril > Arrosez.

Mai > Arrosez, apportez de l'engrais.

Juin > Premières récoltes ?

Juillet > Arrosez, apportez de l'engrais, récoltez.

Août > Arrosez, récoltez.

Placez vos potées en situation, la myrtille à la mi-ombre et les autres au soleil. La vigne devra être palissée le long d'un mur, par exemple. Ne laissez jamais d'eau stagnante dans la soucoupe quelle que soit l'espèce.

❖ Le suivi pendant la saison

Pensez à arroser régulièrement tous ces petits fruits, en surveillant la terre qui doit toujours rester humide. En période très chaude, la myrtille et les fraisiers auront besoin d'apports d'eau assez importants, pratiquement tous les jours, car ils ne doivent pas en manquer. Point important à rappeler : retirez systématiquement l'eau stagnante de la soucoupe.

Pendant toute la saison, apportez un peu d'engrais biologique spécial petits fruits – il en existe – ou un engrais pour fruitiers. Une plante donne mieux lorsqu'elle se nourrit correctement et sans excès. Suivez bien les doses prescrites par le fabricant, ni plus, ni moins.

Profitez de vos récoltes, dégustez-les au fur et à mesure de leur maturité.

En hiver, vous pouvez laisser vos petits fruits au balcon en les abritant du vent et du gel. C'est au printemps que vous effectuerez les petites tailles nécessaires.

Procédez en dehors des périodes de gel.

- **Cassis, caseilles et groseilles** : coupez un tiers des branches.
- **Framboises** : coupez toutes les parties cassées et sèches ; taillez les branches qui ont déjà produit à 40 cm de haut.
- **Vigne** : coupez à 2 yeux (bourgeons) tous les sarments qui ont donné.
- **Fraises** : coupez tous les stolons et retirez les feuilles abîmées.
- **Myrtilles** : coupez le bois mort et aérez le cœur de la plante.

❖ Quelques variétés sympas

Juste pour donner quelques idées…

- **Fraises** : 'Favette', dès avril ; 'Gariguette', en juin ; 'Rabunda', de juin à octobre.
- **Framboises** : 'Malling rose', 'Amber', variétés non remontantes ; 'Héritage', 'Autumn Bliss', variétés remontantes.
- **Cassis** : 'Noir de Bourgogne', sucré ; 'Black Edward', productif.
- **Groseilles** : 'Versaillaise rouge', fin juin ; 'Rolan', mi-juillet ; 'Gloire des Sablons', en août.
- **Myrtilles** : 'Bluetta', en juin ; 'Berkeley', en juillet ; 'Jersey', en août.

FOCUS SUR LE CASSIS

Description

Le cassissier (*Ribes nigrum*) est un arbrisseau d'au moins 1,50 m de haut, qui produit des grappes de baies noires lisses, sucrées et acidulées à l'arôme si caractéristique. Ce « groseillier » à fruits noirs développe un feuillage également très aromatique et les différentes variétés permettent d'échelonner les récoltes qui peuvent débuter dès la fin juin et s'étaler jusqu'à la fin du mois d'août. Le végétal aime les hivers froids, il en a besoin pour mieux produire. Les baies de cassis sont transformées et plébiscitées en crème de cassis, une liqueur qui, associée au vin blanc, rentre dans la composition du célèbre kir.

Technique culturale

Transplantez votre cassissier en automne, en dehors des périodes de gelées, pour favoriser l'enracinement. Réservez-lui un grand bac et installez-le en exposition mi-ombragée. Versez des billes d'argile dans le fond du pot, recouvrez d'un feutre de jardin, et utilisez un terreau de plantation. Arrosez en laissant sécher le terreau entre deux apports d'eau, et pas d'eau stagnante dans la soucoupe. Paillez le terreau pour protéger les racines superficielles et garder l'humidité. La taille d'entretien se fait tous les ans en hiver, en dehors des grosses gelées : coupez les vieilles branches à ras et retirez un tiers des jeunes branches.

Trucs & astuces

- Le cassis est un fruit riche en vitamine C ; il en contient 4 fois plus que l'orange.
- Pour une bonne pollinisation, installez au moins deux variétés différentes.

FOCUS SUR LA FRAISE

Description

C'est l'espèce la plus consommée dans le monde. Cette plante herbacée de la famille des Rosacées forme une touffe basse de 15 à 40 cm de haut, selon l'espèce. La plante développe des rameaux appelés stolons, qui s'enracinent pour former de nouveaux pieds. Les feuilles de la base sont trifoliolées et dentées, de couleur vert foncé. Les fleurs blanches, jaunes ou roses apparaissent au printemps. Les fraisiers remontants refleurissent plusieurs fois du printemps à l'automne. Le fruit ou plutôt le « faux fruit » rouge ou blanc est formé par l'ensemble du réceptacle charnu de la fleur.

Technique culturale

Transplantez vos fraisiers en avril ou en septembre, dans un terreau pour potager enrichi, en plaçant le collet au niveau du sol. Espacez les pieds les uns des autres de 30 cm de toutes parts. Installez le pot en situation ensoleillée pour les variétés à gros fruits, mi-ombragée pour les petits. Suivez l'arrosage régulièrement plutôt qu'abondamment, surtout pendant les fortes chaleurs, sans laisser d'eau stagnante dans la soucoupe. Paillez avec de la paillette de lin. Supprimez les stolons au fur et à mesure ou séparez-les du pied mère et récupérez-les pour faire de nouveaux pieds. Si l'hiver est rude, protégez les pieds avec un paillage que vous retirerez au printemps. Remplacez vos fraisiers tous les 4 ans.

Trucs & astuces

- En été, préférez un arrosage le soir, la plante en profitera plus longtemps.
- Un paillage de paillettes de lin est indiqué pour garder les fruits au sec et éviter leur pourrissement, mais aussi pour dissuader les limaces qui détestent ce paillage fin et piquant.

FOCUS SUR LA FRAMBOISE

Description

Le framboisier (*Rubus idaeus*) est un arbrisseau vivace de la famille des Rosacées, qui peut atteindre 1,50 m de haut. Il produit la framboise, ce petit fruit au parfum si délicat. Le framboisier forme une touffe dont les rameaux se renouvellent chaque année, et produit de nouveaux rejets. Il existe des variétés non remontantes qui donnent des fruits une seule fois dans l'année durant l'été, et des variétés remontantes qui produisent à la fin du printemps et à la fin de l'été. Remontante ou non, la fructification se fait sur les tiges de l'année précédente, et après avoir produit, les tiges se dessèchent et meurent.

Technique culturale

Transplantez le framboisier de préférence en automne, en dehors des périodes de gelées, pour favoriser l'enracinement, sans enterrer le collet. Réservez-lui un grand bac pour lui tout seul, et placez-le en exposition ensoleillée. Versez des billes d'argile dans le fond du pot, recouvrez d'un feutre de jardin, et utilisez un terreau de plantation. Arrosez en laissant sécher le terreau entre deux apports d'eau, et pas d'eau stagnante dans la soucoupe. Paillez le terreau en hiver pour protéger les racines du froid, avec des feuilles, du paillage de chanvre ou de lin. Au printemps, après les grosses gelées, taillez les branches mortes ou cassées, et retirez un tiers de la hauteur des branches bien portantes. Votre framboisier va développer de nouvelles tiges par drageonnage.

Trucs & astuces

Installez des myosotis au pied de vos framboisiers pour limiter le ver de la framboise.

FOCUS SUR LA GROSEILLE

Description

Les groseilliers sont des arbustes fruitiers regroupant les groseilliers à grappes et les groseilliers à maquereau. Le groseillier à grappes (*Ribes rubrum*) peut mesurer 1,50 m de haut au maximum et donne des fruits rouges, roses ou blancs, légèrement acides et à peau lisse. Le groseillier à maquereau (*Ribes grossularia*) peut mesurer 80 cm de haut, porte des épines et donne des fruits verts ou violets de la grosseur d'une cerise, à la saveur plus sucrée que la groseille classique, avec une peau plus épaisse et parfois velue.

Technique culturale

Transplantez votre groseillier en automne, en dehors des périodes de gelées, pour favoriser l'enracinement. Réservez-lui un grand bac, installez-le en exposition légèrement ombragée pour les groseilliers à grappe et ensoleillée pour les groseilliers à maquereau. Versez des billes d'argile dans le fond du pot, recouvrez d'un feutre de jardin, et utilisez un terreau de plantation. Arrosez après la plantation et suivez l'arrosage en laissant sécher le terreau entre deux apports d'eau, et pas d'eau stagnante dans la soucoupe. Paillez le terreau pour protéger les racines et garder l'humidité en été. La taille d'entretien se fait tous les ans en février, en dehors des grosses gelées : coupez les vieilles branches à ras et retirez un tiers des jeunes branches.

Trucs & astuces

La caseille (ou casseille) résulte de l'hybridation entre un cassissier et un groseillier à maquereau. La baie de taille moyenne est de couleur noire. Le goût trouve son équilibre entre celui de la groseille et celui du cassis.

FOCUS SUR LA MYRTILLE

Description

Les myrtilles (*Vaccinium myrtillus*) sont des petites baies de couleur bleu violacé à la saveur douce et légèrement sucrée. Ce myrtillier sauvage est un sous-arbrisseau à port étalé haut de 60 cm maximum, que l'on trouve communément en altitude, en sous-bois. Les myrtilles cultivées, d'origine américaine, forment des arbustes pouvant atteindre 1,50 m de haut. Leurs baies sont également bleues à chair claire et elles ont la même saveur que la myrtille européenne, mais les fruits sont de plus grande taille. Leur récolte se fait de juillet à septembre. Les feuilles ovales et dentées, d'un vert vif luisant, sont caduques et rougissent en automne.

Technique culturale

Transplantez votre myrtillier en automne, en dehors des périodes de gelées, pour favoriser l'enracinement. Réservez-lui un grand bac et installez-le en exposition ombragée ou mi-ombragée. Utilisez exclusivement un terreau « terre de bruyère ». Arrosez après la plantation et suivez l'arrosage en maintenant le terreau toujours humide, mais sans laisser d'eau stagnante dans la soucoupe. Paillez la surface pour garder l'humidité ; la paillette de lin est indiquée contre les limaces et protégera aussi les racines de l'hiver. Les branches produisant au maximum pendant 4 ans, taillez celles qui ont plus de 4 ans.

Trucs & astuces

- Les baies sont légères en sucres et en calories, et riches en fibres et en antioxydants.
- Installez deux variétés différentes pour favoriser la pollinisation.
- Dès la formation des fruits, surveillez les oiseaux qui en raffolent.

▲ Surfinia 'Sky blue'.

PÉTUNIA, SURFINIA

Grâce à ses fleurs en trompette, sa renommée n'est plus à faire. Pétunia ou surfinia… et moi et moi et moi. En tous cas, c'est une histoire qui s'élance ou qui retombe !

❖ Le roi, c'est moi !

Le pétunia est une petite plante aux jolies fleurs en forme de trompette, originaire d'Amérique du Sud, Brésil en tête. Chez nous, vous l'avez à coup sûr déjà croisé aux alentours des jardins et des balcons. Sa générosité ne laisse personne indifférent, surtout avec ses couleurs éclatantes et ses floraisons abondantes.

Le surfinia dont on parle de temps en temps est un pétunia retombant en quelque sorte. Pour les suspensions, il est idéal car son port est compact, ramifié et sa floraison ne manque pas à la réputation de l'espèce.

La plante est annuelle, elle gèle dès que le thermomètre passe au négatif (à partir de -5 °C, la plante meurt). Par contre, pour le soleil, le pétunia en redemande.

Les fleurs peuvent être simples ou doubles et de taille variable. Le feuillage est plutôt court, duveteux, et même un peu collant au toucher. Tout au long de son développement, les tiges de la plante s'allongent, s'allongent, s'allongent et la floraison dure de mai aux premières gelées.

❖ Choisir un pétunia

La plante se trouve dans les magasins au début du printemps, en godets, au rayon des plantes à massif. Impossible de la louper.

Si vous habitez au nord de la Loire, installez vos pétunias après les saints de glace (les 11, 12 et 13 mai).

Malgré tout, après ces dates repères, soyez vigilant et suivez bien les prévisions météorologiques, sinon les gelées auront raison de vos pétunias avant même l'apparition de leurs premières fleurs. Achetez vos plants dès qu'ils sont proposés dans le commerce et placez-les en situation abritée du vent et du gel en attendant que les températures soient plus clémentes : elles sont exigeantes, les jolies cariocas ! Au sud de la Loire, vous pouvez les installer en place dès avril, car il n'y a plus de risque de gel.

Faites votre choix : pétunia ou surfinia ? Pourquoi pas les deux ? Les pétunias appellent des souvenirs aux tons très vifs. Mais la palette est en réalité beaucoup plus large. Si vous n'êtes pas pour le flashy, vous trouverez aisément des tons plus tendres comme le jaune pâle, le blanc ou le rose tendre, pour une déco tout en douceur. Si, par contre, vous aimez les explosions de tonicité, pétunia ou surfinia, vous aurez l'embarras du choix. En clair : les deux se complètent parfaitement, alors profitez-en !

❖ Comment planter le pétunia ?

Remplissez vos suspensions (pour les surfinias) et vos potées (pour les pétunias) d'un terreau pour plantes fleuries, en choisissant des contenants d'au moins 30 cm de profondeur. Une fois le terreau en place, retirez avec soin le godet en plastique de vos plants, et veillez à défaire délicatement les racines. Creusez un trou de la taille du godet dans le terreau, placez la petite motte dedans, tassez et arrosez. Ne

TRUCS & ASTUCES

- Lors de l'arrosage, évitez de mouiller les fleurs.
- Étant stériles, les surfinias ne produisent pas de graines et offrent une floraison prolongée sans nécessiter un nettoyage des fleurs fanées. Intéressant, non ?
- Si vous devez vous absenter quelques jours, pensez à pailler ou à installer des billes d'argile sur le terreau de vos potées et suspensions. Sinon, préférez les pétunias miniatures, qui sont moins exigeants en eau et qui résistent à des périodes relativement longues sans arrosage.
- Installez vos pétunias près de la menthe qui fera fuir les aleurodes et les pucerons.

▲ Surfinia 'Millions bells'.

laissez pas d'eau stagnante dans la soucoupe, car si le pétunia adore le soleil, il n'aime pas du tout avoir les pieds dans l'eau.

Vous devez impérativement installer vos pétunias en situation très ensoleillée – rappelez-vous leurs origines brésiliennes. Plus la plante aura de soleil, plus elle fleurira. L'équation est imparable.

❖ Le suivi pendant la saison

Pensez à arroser régulièrement vos plantes ; le terreau doit toujours être humide mais pas détrempé. Pétunia et surfinia sont généreux, mais également très gourmands. N'hésitez pas à leur apporter régulièrement un engrais biologique spécial fleurs. Suivez bien les doses prescrites par le fabricant, car l'excès d'engrais est néfaste pour la plante.

Il vous faudra retirer au fur et à mesure les fleurs fanées du pétunia. Ce geste simple supprime les capsules de graines en formation et permet aux pétunias de concentrer leur énergie dans de nouvelles floraisons, et c'est bien pour ces dernières que notre choix s'est porté sur cette petite plante. Comme annoncé en amont, les tiges s'allongent, s'allongent… Résultat, par moment, vous allez avoir des branches plus ou moins nues, dégingandées, pas tout à fait du meilleur effet. Afin de remédier à cela, coupez franchement les tiges d'un tiers de leur longueur dès que la situation ne vous paraît plus esthétique. Vous aurez sans doute à répéter ce geste plusieurs fois dans la saison.

CALENDRIER DE CULTURE

Mars > Repérez vos pétunias en magasin et prévoyez leur contenant.

Avril > Au nord de la Loire, installez vos jardinières à l'abri du froid. Au sud de la Loire, installez-les au balcon en situation ensoleillée.

Mai > Au nord de la Loire, attendez la fin des gelées.

Juin > Arrosez régulièrement, le terreau doit toujours rester humide. Coupez les tiges d'un tiers si elles commencent à se dégarnir.

Juillet > Arrosez sans laisser d'eau stagnante dans la soucoupe, apportez de l'engrais, éliminez les fleurs fanées.

Août > Continuez l'arrosage et pensez au paillage de billes d'argile si vous vous absentez. Au retour, coupez les tiges d'un tiers si elles sont dégarnies.

Septembre > Profitez encore de vos plantes.

Octobre > Arrachez vos pétunias aux premières gelées, direction le compost.

❖ Quelques variétés sympas

Il existe plusieurs types de pétunias.

- **Les grandiflora** produisent de grandes fleurs et conviennent aux jardinières suspendues, aux potées fleuries. Les variétés les plus courantes sont 'Cascade' et 'Supercascade'.
- **Les multiflora** sont parfaits comme plantations de bordures et en massifs (ce sont les variétés 'Carpet', 'Celebrity', 'Merlin' ou 'Primetime').
- **Les floribunda** sont des croisements entre les grandiflora et les multiflora. Ils offrent une multitude de grandes fleurs nuancées en deux tons. Leur floraison est abondante, même en août et septembre. La variété 'Madness' est typique.

▲ Surfinia 'Classic perfume blue'.

PLANTES DE TERRE DE BRUYÈRE

▲ Rhododendron 'Maunt seven star'.

Avec les fleurs de terre de bruyère, donnez un second souffle à votre balcon ! Ces plantes proposent d'exceptionnelles floraisons et des feuillages flamboyants.

❖ Calcifuges ou acidophiles, même combat !

Distinguer des plantes par leur substrat, quelle drôle d'idée ! Mais, c'est vous dire l'importance du rôle que joue la terre dans le bon développement de ces végétaux-là. À l'origine, la terre de bruyère provient de la décomposition des bruyères, tout simplement. Les plantes de terre de bruyère aiment les sols acides et ne supportent aucunement la présence de calcaire. Le calcaire, c'est l'ennemi numéro un ; à son contact, les végétaux de terre de bruyère dépérissent et finissent par mourir.

La famille est grande et très variée : petites et grandes plantes, arbustes ou arbres, tous sont vivaces et vous allez pouvoir les conserver d'une année sur l'autre.

Vous avez sans doute déjà vu la floraison de toute beauté du rhododendron ou celle, spectaculaire, de l'azalée, déjà humé le parfum d'un camélia ou bien encore celui d'une azalée ? Et quel adjectif employer devant le magnifique feuillage rouge carmin d'un érable du Japon en automne ?

Dans la plupart des cas, ces végétaux devront être exposés à la mi-ombre, bien que certains (très peu) aiment le soleil. Suivez bien les instructions précisées sur l'étiquette qui accompagne votre acquisition.

Les plantes de terre de bruyère impressionnent soit par leur floraison opulente et échelonnée pendant presque toute l'année, soit par la beauté de leur feuillage. Vous allez

▲ Kalmia 'Olympic fire'.

TRUCS & ASTUCES

- Protégez les camélias pendant l'hiver avec du voile d'hivernage. Paillez le pied et protégez le pot avec du plastique à bulles.
- Pour profiter au maximum de la beauté de votre érable du Japon, installez-le en isolé et impérativement à l'ombre.
- Composez de belles balconnières de bruyères ; vous aurez des fleurs au balcon de mai à décembre.
- Espacez légèrement les arrosages de vos rhododendrons pendant l'été afin d'aider les boutons floraux à se former.

forcément aimer le spectacle de tels chefs-d'œuvre de dame nature !

❖ Choisir une plante de terre de bruyère

Le programme est vaste car elles sont nombreuses, belles et tellement différentes ! Les plantes de terre de bruyère sont vendues en pots avec leur motte. On les trouve dans les rayons jardin pratiquement toute la saison, mais installez-les de préférence à l'automne pour favoriser leur enracinement.

❖ Comment choisir ?

- **Par les fleurs :** floraison printanière avec l'azalée, le kalmia, la bruyère, le pieris, le skimmia, le rhododendron. Floraison estivale avec l'hortensia. Floraison automnale avec la bruyère commune, le camélia. Floraison hivernale avec le camélia, l'hamamélis, la bruyère.
- **Par le parfum :** camélias, azalées.
- **Pour le côté spectaculaire :** érable du Japon, rhododendron.

Ce ne sont que quelques exemples des plantes les plus connues.

Petit rappel : la plupart de ces plantes sont à placer à l'ombre. Si votre balcon est exposé plein sud, abstenez-vous !

❖ Comment planter les plantes de terre de bruyère ?

Les plantes de terre de bruyère s'adaptent parfaitement à une culture en bac. Choisissez le contenant adéquat en fonction de leur taille : la hauteur du pot doit représenter environ le tiers de la hauteur de la plante. Prévoyez exclusivement de la terre de bruyère comme substrat. Remplissez votre bac aux trois quarts de sa hauteur. Retirez ensuite le pot en plastique de votre végétal puis, à l'aide d'une griffe et même d'un sécateur, grattez les racines de la motte pour les aérer et les aider à bien se déployer pour bien s'installer. Placez la motte de votre plante au centre du bac, posée sur la terre. Le dessus de la motte doit se trouver 2 ou 3 cm sous le rebord du bac. Ajustez en conséquence en rajoutant ou retirant de la terre. Une fois l'ajustement en hauteur effectué, comblez les espaces vides sur les côtés. Tassez et arrosez copieusement.

CALENDRIER DE CULTURE

Septembre > Achetez votre plante de terre de bruyère et prévoyez son contenant et le substrat, la terre de bruyère ; installez la plante en situation.

Octobre > Maintenez le substrat humide, mais sans laisser d'eau stagnante dans la soucoupe.

Novembre > Profitez du spectacle.

Décembre > Protégez les camélias.

Mars > Taillez les parties qui ont gelé.

Avril > Arrosez.

Mai > Arrosez, apportez de l'engrais.

Juin > Profitez du spectacle.

Juillet > Arrosez, apportez de l'engrais.

Août > Arrosez, profitez toujours.

Selon le végétal choisi, placez la plante en situation mi-ombragée ou ensoleillée, mais toujours abritée des vents.

❖ Le suivi pendant la saison

Pensez à arroser votre plante de terre de bruyère régulièrement. Ne laissez pas sécher le terreau entre deux apports d'eau. Suivez particulièrement l'arrosage en été et, malgré cela, retirez systématiquement l'eau stagnante de la soucoupe.

Pour les arbustes, étalez au printemps une bonne couche de petites écorces de pin sur le substrat. En hiver, apportez un engrais spécial plantes de terre de bruyère.

Pour l'entretien des plantes fleuries, retirez les fleurs fanées au fil de la saison.

Vous n'aurez pas énormément de taille à effectuer, suivez là aussi les instructions en fonction du végétal choisi. Pour les hortensias, opérez plutôt au printemps en coupant les extrémités des tiges.

▲ *Pieris japonica* 'Ralto'.

❖ Quelques variétés sympas

Voici quelques jolis spécimens de diverses plantes de terre de bruyère.

- **Érable du Japon** 'Bloodgood' : bel arbuste aux feuilles découpées de couleur rouge pourpre, puis rouge grenat.
- **Hamamélis hybride** 'Feuerzauber' : magnifique floraison rouge orangé et parfumée se produisant au cœur de l'hiver.
- **Azalea Encore**® Empress 'Cov' : trois floraisons par an, rose vif.
- **Camélia** 'Miniature Petite' : fleurs semi-doubles odorantes, longue floraison.
- **Bruyère alpine** 'Fursey' : fleurs de décembre à mai, aux jeunes pousses roses.
- **Rhododendron** 'Markeete's Prize' : donne de gros bouquets aux nombreuses fleurs d'un beau coloris rouge écarlate.

FOCUS SUR L'AZALÉE

Description

Les azalées sont des rhododendrons à petites fleurs. Il existe trois types distincts d'azalées dont l'azalée mollis (*Rhododendron mollis*), un arbuste robuste qui perd ses feuilles en hiver et dont les fleurs remarquables de couleurs jaune, rouge, orange apparaissent au printemps. Il peut pousser jusqu'à 1,50 m de hauteur. L'azalée du Japon (*Rhododendron obtusum*) développe un feuillage persistant. C'est un petit arbuste ne dépassant pas les 50 cm de haut lorsqu'il est cultivé en pot. Ses fleurs généreuses apparaissent également au printemps et offrent des tons roses, rouges, blancs ou orange. L'azalée des Indes (*Rhododendron indicum*) présente de très nombreux coloris, même panachés. Il ressemble à l'azalée du Japon, mais il doit impérativement être rentré en hiver, car il ne supporte aucunement le gel.

Technique culturale

Transplantez votre azalée en automne, en dehors des périodes de gelées, pour favoriser son enracinement. Réservez-lui un bac d'au moins 50 cm de toutes parts. Installez-la en exposition mi-ombragée ; une orientation nord-ouest est idéale, avec le soleil le matin et l'ombre l'après-midi. Versez des billes d'argile dans le fond du pot, recouvrez d'un feutre de jardin, et utilisez exclusivement un terreau « terre de bruyère ». Arrosez après la plantation. Pendant la saison, laissez sécher le terreau entre deux apports d'eau, et jamais d'eau stagnante dans la soucoupe. Paillez la surface du terreau avec de l'écorce de pin pour garder l'humidité et apporter encore un peu d'acidité à la plante. La taille n'est pas nécessaire. Au besoin, coupez les branches mortes, cassées ou gênantes après la floraison.

Trucs & astuces

- Arrosez peu en été, période à laquelle la plante forme ses boutons floraux ; trop d'eau favoriserait leur pourrissement.
- Pour éviter la chlorose du feuillage, arrosez avec une eau non calcaire, comme de l'eau de pluie.

FOCUS SUR LA BRUYÈRE

Description

Il existe plus de 800 espèces communément appelées « bruyère ». Les callunes communes, (*Calluna vulgaris*), la bruyère d'Irlande (*Daboecia cantabrica*) et *Erica cinerea*, la bruyère cendrée, fleurissent en été. *Erica carnea*, la bruyère des neiges, et la bruyère hybride fleurissent, elles, en hiver. *Erica arborea*, la grande bruyère arborescente, développe sa floraison au printemps. Hormis cette dernière, toutes sont des petits arbrisseaux à croissance lente, dépassant rarement 60 cm de haut. La floraison se présente sous forme de petites clochettes blanches, roses, mauves ou pourpres. Le feuillage persistant est vert mais il peut également être décoratif avec des teintes or, orange, rouge intense ou même jaune citron. Rustique et facile, la plante pousse très bien à l'état sauvage.

Technique culturale

Vous pouvez transplanter votre bruyère toute l'année, en dehors des périodes de gel. Un contenant de 30 cm lui convient. L'exposition lui importe peu, elle s'adapte. Utilisez un mélange que vous composerez de 3/4 de terreau « terre de bruyère » et 1/4 de terreau de plantation. Arrosez après la plantation. Suivez l'arrosage pendant toute la saison car le terreau doit rester toujours humide mais pas détrempé, et ne laissez jamais d'eau stagnante dans la soucoupe. Paillez la surface du terreau avec de l'écorce de pin pour garder l'humidité et apporter encore un peu d'acidité à la plante. Une taille légère est possible après la floraison pour redonner une forme arrondie et esthétique. Apportez de l'engrais « terre de bruyère » au printemps.

Trucs & astuces

- Préférez arroser avec une eau non calcaire, comme de l'eau de pluie.
- *Erica arborea* est la seule espèce qui forme de grands arbustes de 3 m de haut. Originaire d'Afrique, elle aime les climats doux.

FOCUS SUR LE CAMÉLIA

Description

Il existe plus de 80 espèces de camélias différentes et *Camellia japonica* reste l'espèce la plus répandue. C'est un arbuste qui peut mesurer de 1,50 à 4 m de haut. La plante déploie une floraison généreuse d'octobre à mars, selon les variétés. Avec des teintes raffinées de blanc pur, de rose nacré ou rose vif, et de pourpre intense, les fleurs aux formes simples, semi-doubles ou doubles sont de toute beauté. Le port touffu de l'arbuste au beau feuillage persistant vert sombre lustré ajoute à son intérêt et à sa magnificence. La plante est rustique jusqu'à - 20 °C, mais cette notion est surtout valable pour les sujets à fleurs simples cultivés en terre, car les sujets cultivés en pot supportent seulement jusqu'à - 5 °C. Il faudra absolument songer à protéger votre camélia du vent froid et des gelées.

Technique culturale

Transplantez votre camélia en automne ou au printemps, en dehors des périodes de grosses gelées. Réservez-lui un bac d'au moins 50 cm de toutes parts. Installez-le en exposition mi-ombragée ; une orientation nord-ouest est idéale, abritée des grands vents froids. Versez des billes d'argile dans le fond du pot, recouvrez d'un feutre de jardin, et utilisez un mélange que vous composerez de 3/4 de terreau « terre de bruyère » et 1/4 de terreau de plantation. Arrosez après la plantation. Suivez l'arrosage pendant toute la saison car le terreau doit rester toujours humide, et ne laissez jamais d'eau stagnante dans la soucoupe. Paillez la surface du terreau avec de l'écorce de pin pour garder l'humidité et apporter encore un peu d'acidité à la plante. Après la floraison en mars, apportez de l'engrais « terre de bruyère ».

Trucs & astuces

- Pour être certain de la couleur des fleurs de votre plante, choisissez-la quand elle est en pleine floraison.
- Préférez arroser votre plante avec une eau non calcaire, comme de l'eau de pluie.

FOCUS SUR L'ÉRABLE DU JAPON

Description

Les érables du Japon (*Acer palmatum*) ont une croissance lente, mais ce sont tout de même des petits arbres ou grands arbustes allant de 2 à 10 m de haut, selon la variété. Il existe près de 150 espèces différentes. Le feuillage très finement découpé est caduc, et sa coloration automnale est de toute beauté. C'est chez cet arbre que l'on observe les tons orangés les plus chatoyants, mais il propose aussi des teintes dorées, rouge pourpre ou vert clair. La plante est résistante au froid jusqu'à des températures comprises entre -10 °C et -20 °C, mais il est préférable d'observer une certaine vigilance car la rusticité dépend vraiment de la variété. *Acer palmatum* est un arbuste très graphique avec une classe folle, un petit joyau à lui tout seul.

Technique culturale

Transplantez votre érable du Japon au printemps, en dehors des périodes de gelées. Réservez-lui un bac d'au moins 50 cm de toutes parts. Installez-le en exposition mi-ombragée ou ombragée. Utilisez exclusivement un terreau « terre de bruyère ». Arrosez après la plantation et suivez l'arrosage pendant toute la saison, en maintenant le terreau toujours humide mais pas détrempé, et en ne laissant jamais d'eau stagnante dans la soucoupe. Paillez la surface du terreau avec de l'écorce de pin pour garder l'humidité ; cette essence ajoute de l'acidité dont raffole la plante. La taille de l'érable n'est pas nécessaire. Au besoin, coupez les branches mortes, cassées ou gênantes, mais procédez exclusivement entre novembre et mars, en dehors des grosses gelées.

Trucs & astuces

- Les érables du Japon sont très prisés dans les jardins de décoration d'inspiration zen et feng shui.
- Au pied de votre *Acer palmatum*, plantez d'autres petites plantes acidophiles comme les bruyères, les azalées, qui ont les mêmes besoins et qui habilleront la base du végétal.

FOCUS SUR L'HAMAMÉLIS

Description

Il existe cinq espèces d'hamamélis, toutes très rustiques, supportant des températures jusqu'à -20 ou -30 °C. Selon la variété, l'arbuste peut monter à 5 m de haut, mais la plupart mesurent en moyenne de 1 à 3 m pour 2 m de diamètre maximum. La particularité de l'arbuste réside dans sa floraison hivernale. C'est l'un des plus beaux arbustes à floraison hivernal : ses jolies fleurs constituées de 4 pétales en lanières aux tons citron et grenat offrent en plus un parfum puissant et enivrant. Après la floraison, c'est le feuillage vert soutenu qui se développe. Placez la plante à proximité d'une fenêtre ou d'une porte, afin de profiter de ses effluves.

Technique culturale

Transplantez votre hamamélis en automne, en dehors des périodes de gelées, pour favoriser son enracinement. Réservez-lui un bac d'au moins 50 cm de toutes parts. Installez-le en exposition ensoleillée en hiver et plutôt à la mi-ombre en été. Versez des billes d'argile dans le fond du pot, recouvrez d'un feutre de jardin, et utilisez exclusivement un terreau « terre de bruyère ». Arrosez après la plantation. Pendant la saison, laissez sécher le terreau entre deux apports d'eau, suivez l'arrosage pendant l'été, mais ne laissez jamais d'eau stagnante dans la soucoupe. Paillez la surface du terreau avec de l'écorce de pin pour garder l'humidité et apporter encore un peu d'acidité à la plante. La taille n'est pas nécessaire. Au besoin, coupez les branches mortes, cassées ou gênantes après la floraison.

Trucs & astuces

- En été, arrosez au pied de l'arbuste plutôt le soir pour éviter l'évaporation de l'eau. En hiver, arrosez en journée.
- Utilisez les branches d'hamamélis dans vos bouquets floraux d'intérieur. Une branche d'hamamélis signifie « Vous m'envoûtez », et côté parfum, c'est le cas !

FOCUS SUR LE RHODODENDRON

Description

Le « rhodo » appartient à la famille des Éricacées. Signifiant littéralement « arbre à roses », cet arbuste est un véritable joyau pour tous les balcons d'ombre ou qui sont exposés au nord car il n'a pas de grand besoin d'ensoleillement. La plante offre des fleurs groupées en bouquets aux tons roses, rouges, jaunes, blancs ou violets. Selon la variété, la floraison s'étale de février à juin et la taille varie de 1 m à plus de 5 m de haut. Le feuillage vert foncé est persistant.

Technique culturale

Transplantez votre rhododendron en automne, en dehors des gelées, pour favoriser son enracinement. Réservez-lui un bac d'au moins 50 cm de toutes parts. Installez-le en exposition mi-ombragée ; une orientation nord-ouest est idéale, avec le soleil le matin et l'ombre l'après-midi. Versez des billes d'argile dans le fond du pot, recouvrez d'un feutre de jardin, utilisez exclusivement un terreau « terre de bruyère » et n'enterrez pas la motte trop profondément. Arrosez après la plantation. Suivez l'arrosage pendant la saison ; le terreau doit toujours être humide mais pas détrempé. Videz la soucoupe car le rhododendron craint particulièrement l'eau stagnante. La plante ne doit pas manquer d'eau pendant sa floraison. Paillez la surface du terreau avec de l'écorce de pin pour garder l'humidité et apporter encore un peu d'acidité à la plante. Retirez les fleurs fanées au fur et à mesure de leur apparition. Apportez un engrais « terre de bruyère » fin novembre. La taille est déconseillée, car tout rameau coupé ne fleurit pas pendant 2 ans.

Trucs & astuces

- N'arrosez surtout pas avec de l'eau calcaire au risque de développer la chlorose (taches foliaires).
- Le rhododendron est très rustique, néanmoins évitez de le placer en plein dans des courants d'air.
- Le rhododendron est une plante toxique, qui contient une substance qui fait vomir. Surveillez les enfants.

▲ *Primula species.*

PRIMEVÈRE

Des troubadours aux chansonneux de notre époque, tous ont fredonné la *Primavera*. *Primo vere*, en latin, signifie le retour du printemps. C'est vrai que de son côté, elle nous met du baume au cœur, cette jolie première fleur printanière !

❖ Toujours la première, la primevère

La primevère est une petite plante vivace comptant plus de 400 espèces, originaire des zones tempérées de l'hémisphère Nord.

Modeste par la taille – elle n'excède pas 15 à 30 cm de hauteur –, elle fait pourtant toujours son petit effet avec ses couleurs revigorantes. Elle fleurit de février à mai et certaines variétés sont superbes sous la neige. Selon l'espèce, la primevère peut développer soit de grandes fleurs, soit de petites boules compactes à l'extrémité de tiges de 20 cm de haut.

Installez-les au balcon en exposition plutôt mi-ombragée, car le plein soleil aurait tendance à leur faire perdre leur belle couleur. Le terreau doit toujours rester frais.

La primevère va vous ravir par ses couleurs joyeuses et toniques, mais saviez-vous que dans le langage des fleurs, son message dit « premiers désirs » ? La primevère, c'est le renouveau du printemps. Et le renouveau des sentiments ?

❖ Choisir une primevère

La primevère est proposée dans les rayons jardin, en godets, très tôt, dès janvier. Elle va vous permettre de faire la transition entre les chrysanthèmes de décembre et les fleurs du début de l'été.

Installez votre plante sans tarder au balcon, même si le temps est encore un peu froid – la primevère se remettra d'aplomb au moindre petit rayon de soleil. Cependant, évitez les situations trop ventées ou trop exposées au gel.

Primula acaulis, appelée à juste titre primevère de jardin, est l'espèce la plus cultivée, celle que l'on trouve le plus couramment. Ses coloris forment une gamme variée de blanc, rose, rouge, jaune et bleu.

TRUCS & ASTUCES

• La primevère est souvent la proie des pucerons. Placez un pot de menthe à proximité, l'odeur de cette aromatique les fera fuir.

• En pot, les primevères ont tendance à dégénérer d'une année sur l'autre. C'est pourquoi, même s'il s'agit d'une vivace, il est préférable de la considérer comme une plante annuelle et de la remplacer chaque début de printemps.

• La sève des primevères est sucrée, raison pour laquelle les oiseaux apprécient tout particulièrement leurs fleurs.

❖ Comment planter la primevère ?

Remplissez vos balconnières ou potées d'un terreau pour plantes fleuries en mélange avec de la terre de bruyère, en choisissant des contenants d'au moins 30 cm de profondeur. Une fois le terreau en place, retirez le godet en plastique de vos plants, et veillez à défaire délicatement les racines. Creusez un trou de la taille du godet dans le terreau, placez la petite motte dedans, tassez et arrosez. Ne laissez pas d'eau stagnante dans la soucoupe.

CALENDRIER DE CULTURE

Janvier > Achetez les primevères et les contenants adéquats, installez-les à la mi-ombre, en situation abritée des grands vents et du gel.

Février > Prenez des photos de primevères sous la neige.

Mars > Retirez les fleurs et feuilles flétries, apportez de l'engrais en respectant les dosages.

Avril > Arrosez ; le terreau doit être humide, mais sans eau stagnante dans la soucoupe.

Mai > Profitez de la dernière floraison en observant les oiseaux qui raffolent des primevères.

Juin > Arrachez vos primevères, direction le compost.

❖ Le suivi pendant la saison

Pensez à arroser régulièrement vos primevères et maintenez le terreau toujours humide car une situation trop sèche ferait tomber les boutons floraux. Et s'il n'y a pas de boutons floraux, il n'y aura pas de fleurs !

N'arrosez pas sur les feuilles de la plante mais au pied pour éviter de favoriser les éventuelles maladies. En hiver, si le besoin en eau se fait sentir, veillez à arroser lorsque la température est supérieure à 5 °C. Si vous suivez ces conseils, votre plante va donner beaucoup de fleurs.

Apportez-lui un engrais biologique spécial fleurs. Respectez les doses prescrites par le fabricant, car l'excès d'engrais est néfaste : il brûle les radicelles, ce qui aura pour effet de faire mourir la plante. Au fur et à mesure, retirez les fleurs et les feuilles abîmées.

❖ Quelques variétés sympas

Plusieurs variétés horticoles sont issues de *Primula acaulis*, cette petite plante printanière, la variété 'De Paris', à grandes fleurs simples, pour la culture en plein air, et la variété 'Printania', à fleurs doubles, très précoce. Parmi les autres variétés, 'Betty Green', à fleurs cramoisies, 'Wanda', précoce et à fleurs rouges, sont remarquables.

ROMARIN

▲ *Rosmarinus officinalis* 'Boule'.

Quand on prononce son nom, on a comme une envie irrésistible d'y ajouter un « peuchère » sonore ! Il sent la Provence, les calanques… il fleure bon les vacances.

❖ Fils du soleil

Le romarin est un arbrisseau de 50 cm à 2 m de haut, originaire…, peuchère, du bassin méditerranéen. C'est une plante vivace et rustique, mais dans les régions aux hivers rigoureux, le romarin craint toutefois les températures très froides et surtout le gel de l'eau stagnante.

Quand on connaît ses origines, il est facile d'imaginer que la plante supporte les situations très ensoleillées, chaudes, voire sèches. Si vous l'installez dans ses conditions de prédilection sur votre balcon, son entretien devient un jeu d'enfant, car le romarin ne demande pas grand-chose comme suivi.

La floraison intervient de mai à juillet, en une multitude de petites fleurs bleues ou blanches.

Le feuillage est persistant, ce qui est parfait, parce qu'on cultive justement cette plante pour ses petites feuilles linéaires vertes au-dessus, grises au revers, et au parfum si reconnaissable. Cependant, au nord de la Loire, la plante risque de perdre ses feuilles en raison du froid. Mais la repousse se fera irrémédiablement dès le printemps suivant. Le feuillage joue un rôle décoratif intéressant puisqu'il est de couleur vert-gris.

Mais bien sûr, le romarin est avant tout cultivé pour ses qualités de plante aromatique. Et de l'arôme, il en a à revendre : le moindre plat embaume alors la garrigue et le plus petit balcon profite de ses parfums de Provence.

TRUCS & ASTUCES

- Le romarin est une plante mellifère, c'est-à-dire qu'il attire les abeilles. Ainsi vous aurez une meilleure pollinisation de vos fleurs et sans aucun doute une meilleure récolte de fruits et légumes.
- Le romarin est une plante compagne au potager, y compris sur un balcon. Placez-le près de votre bac de carottes, car il repousse la mouche de ce légume. Mais aussi à proximité de vos choux, car il éloigne les piérides, de petits papillons ravageurs.
- Une fois séchées, les feuilles du romarin ont encore plus d'arôme. Faites sécher quelques tiges en les suspendant dans un endroit aéré, tête en bas.

▲ *Rosmarinus officinalis* 'Mc Connell's Blue'.

❖ Choisir un romarin

Les romarins sont présents dans les rayons jardin presque toute l'année. Ils sont proposés en pots, vous pouvez donc les installer en toute saison en dehors des périodes de gel. Vous les trouverez facilement dès l'automne, mais aussi au printemps. D'ailleurs, la plantation au printemps est préférable : ils pousseront tranquillement et surtout vous profiterez dès la première année de culture de leurs qualités aromatiques en cuisine et de leur parfum au balcon.

Circulez dans les rayons, vous allez forcément trouver le romarin de votre choix. Observez attentivement les variétés mises en vente, car il existe des romarins à fleurs bleues, blanches ou violacées. Pour le parfum, il n'y en a qu'un : romarin ! Il existe aussi des sujets rampants à port prostré retombant, parfaits pour couvrir des murets disgracieux.

❖ Comment planter le romarin ?

Cultivez votre romarin en vasque ou en potée plutôt qu'en balconnière. Les balconnières sont peu profondes, or il faudra au moins 30 à 40 cm de profondeur de terreau pour que la plante installe correctement ses racines.

Remplissez votre potée ou votre vasque d'un terreau de plantation. Une fois cette opération effectuée, creusez un trou de la taille du conteneur. Retirez le pot en plastique puis, à l'aide d'une griffe, grattez les racines de la motte de votre romarin pour les aérer et les aider à bien s'installer. Posez la motte dans le trou, le dessus affleurant la surface du terreau. Tassez bien et arrosez. Installez ensuite votre végétal en situation ensoleillée et chaude. Ne laissez pas d'eau stagnante dans la soucoupe.

▲ *Rosmarinus officinalis* 'Mozart'.

CALENDRIER DE CULTURE

Mars > Achetez votre romarin, installez-le dans son contenant avec un terreau de plantation, en situation ensoleillée.

Avril > Profitez du feuillage, arrosez mais sans laisser d'eau stagnante dans la soucoupe.

Mai > Arrosez, profitez des premières fleurs.

Juin > Arrosez, taillez les fleurs.

Juillet > Profitez du parfum, arrosez, faites sécher des tiges pour la cuisine.

Août > Coupez les fleurs sèches au retour des vacances, arrosez.

Septembre > Profitez.

Octobre > Réduisez les arrosages, retirez les feuilles mortes.

Novembre > Placez vos potées en situation abritée du vent et du gel.

Mars > Coupez les parties sèches, faites un surfaçage.

❖ Le suivi pendant la saison

Pensez à arroser régulièrement vos potées en laissant sécher le terreau entre deux apports d'eau. Si vous avez manqué un ou deux arrosages, pas d'inquiétude, le romarin est une plante du Sud qui supporte bien les périodes de sécheresse. Souvenez-vous toutefois qu'en pot, l'évaporation liée au soleil est toujours plus intense qu'en pleine terre. Par contre, ne transigez pas sur un point : retirez impérativement l'eau stagnante de la soucoupe.

Éliminez régulièrement les feuilles flétries ou abîmées. Il n'est pas nécessaire d'apporter de l'engrais.

Pour favoriser la repousse des tiges, dès l'apparition des fleurs, coupez les rameaux de moitié. Procédez à une taille harmonieuse en conservant une touffe arrondie. Les déchets de taille peuvent être mis au compost.

Votre végétal peut rester sur le balcon. Dans les régions aux hivers rigoureux, protégez les racines du froid en paillant le pot, en l'enveloppant de plastique à bulles et en le surélevant sur des cales pour faciliter l'écoulement de l'eau. L'accumulation d'eau stagnante et le gel pourraient faire mourir les racines.

Après le passage hivernal, en mars, recoupez au besoin les tiges desséchées et faites un surfaçage en remplaçant la couche superficielle de terreau par du terreau neuf.

❖ Quelques variétés sympas

Voilà quelques variétés de *Rosmarius officinalis* :

- 'Roseus', fleurs rose pâle.
- 'Albiflorus', fleurs blanches.
- 'Aureus', feuilles panachées de jaune.
- 'Majorcan Pink', fleurs roses.
- 'Corsican Blue', grandes fleurs violacées.
- 'Prostratus', compact et rampant.
- 'Pointe du Raz', idéal en pot, prostré.

ROSIER

▲ Rosier 'Blushing lucie'.

La légende raconte que l'on doit la couleur des roses à Cupidon, et leur parfum à Vénus. Une histoire à l'eau de rose… Poursuivons le mythe, et levons le voile pour découvrir le pot aux roses.

❖ Vive la rose !

Le rosier est une plante vivace à tiges sarmenteuses et épineuses, originaire d'Asie. Sa floraison diffère selon que la plante soit remontante ou non remontante. Cette notion fait référence à la sève de la plante : quand la sève remonte, elle favorise une seconde floraison, si bien que votre rosier est en fleur de mai jusqu'aux premières gelées. Mais lorsque la sève ne remonte pas (l'arbuste est donc non remontant), il n'y a qu'une seule floraison, de mai à juin. Dans ce cas, il vous faudra attendre l'année suivante pour revoir vos chères roses.

Le rosier est une plante de soleil. Plus il est exposé en situation ensoleillée, plus il donne de fleurs. L'inverse se vérifie également : plus il est à l'ombre, moins il porte de fleurs.

Il existe nombre de formes de rosiers : les arbustifs pour haie (environ 4 m de haut), les buissons à fleurs groupées (de 50 à 80 cm de haut), les buissons à grandes fleurs (jusqu'à 1,20 m de haut), les couvre-sol (60 cm de haut), les miniatures (40 cm de haut), les grimpants (jusqu'à 4 m de haut), les tiges ou pleureurs (jusqu'à 1,50 m de haut). Tous devront être impérativement taillés pour une bonne et simple raison : les fleurs poussent sur le bois de l'année.

Le rosier est une plante rustique qui résiste très bien au froid ; certaines variétés supportent jusqu'à -25 °C. Son principal atout : les fleurs avec leurs couleurs et leurs formes plus au moins complexes, leur beauté et leur parfum. Les roses sont nos fleurs préférées. D'abord, la couleur : tout existe, sauf la noire… vieille chimère des rosiéristes. Puis et surtout, le parfum de rose, qui joue sur plusieurs palettes : acidulé, fruité, léger, profond, boisé, poivré, senteur de rose … Et enfin, la forme : toute simple de l'églantier ou élaborée des roses anciennes.

❖ Choisir un rosier

Les rosiers vendus en pots sont proposés à la vente à l'automne et au printemps. Ils peuvent être plantés toute l'année en dehors des périodes de gel.

Les rosiers à racines nues conditionnés dans des pochettes sont exclusivement disponibles en hiver, de novembre à février. Comme ils n'ont pas leur motte de terre, ils doivent être installés dans les mois d'hiver quand la végétation est en dormance.

Le choix de votre rosier se fera sur plusieurs critères : la taille adulte, la couleur des fleurs et le parfum. Pour les balcons, oubliez les rosiers arbustifs pour haie, ils demanderaient trop de place. Les autres formes comme les buissons à fleurs groupées, les buissons à grandes fleurs pour fleurs coupées et les miniatures sont tout indiquées. Si vous désirez installer de grands modèles, un grimpant à palisser, une tige ou encore un pleureur sauront parfaitement s'adapter. La couleur et le parfum ? Pour rester frais comme une rose, le choix s'opère de façon très personnelle, selon vos goûts.

▲ Rose 'Ghislaine de féligondé'.

TRUCS & ASTUCES

• Pour être sûr que votre rosier ne va pas geler pendant l'hiver, protégez avant tout le point de greffe : si ce dernier venait à geler, votre plante mourrait. Faites un petit amas de terreau, feuilles ou paillage, en recouvrant complètement le point de greffe, ce renflement situé au-dessus des racines. Vous venez de le butter ! Pour que le rosier reprenne vie au printemps, retirez la butte de protection dès les beaux jours.

• Il existe aujourd'hui une norme pour les rosiers naturellement résistants aux maladies, rustiques et remontants : la norme ADR et avec elle, finies les maladies !

• Si vous ne taillez pas les fleurs fanées, vous aurez des fruits. Les cynorhodons sont excellents en confiture, et les oiseaux en raffolent pendant l'hiver.

❖ Comment planter le rosier ?

Le rosier s'adapte très bien à une culture en bac. Choisissez le contenant adéquat en fonction de la taille de l'arbuste : sa hauteur doit représenter environ le tiers de la hauteur de la plante, avec un minimum de 40 cm de profondeur.

Prévoyez un bon terreau bien drainant, qui ne garde pas l'eau. Pour mettre toutes les chances de votre côté, disposez des billes d'argile dans le fond du bac, le drainage n'en sera que meilleur. Prévoyez une épaisseur de billes d'environ un dixième de la hauteur du contenant et recouvrez-la d'un feutre de jardin afin de ne pas laisser filer le terreau à l'arrosage. Remplissez votre bac de terreau et creusez un trou au centre. Retirez le pot en plastique du rosier puis, à l'aide d'une griffe manuelle, grattez les racines de la motte pour les aérer et les aider à bien s'installer. Placez le rosier dans le trou. Le dessus de la motte doit effleurer la surface du substrat. Ajustez en conséquence, en rajoutant ou retirant du terreau sous la motte. Une fois l'ajustement en hauteur effectué, comblez les espaces vides sur les côtés avec du terreau. Tassez fortement. Arrosez.

Pour les rosiers proposés à racines nues, retirez la poche en plastique, taillez l'extrémité des racines. Creusez un trou dans le terreau, au centre du bac. Placez-y votre rosier. Le point de greffe ne doit pas être recouvert de terreau ; veillez à ce qu'il se trouve au niveau du rebord de votre contenant. Tassez, arrosez.

Le point de greffe, c'est le renflement qui se trouve à la naissance des branches de votre rosier, juste au-dessus des racines.

Souvenez-vous, le rosier à besoin d'une situation ensoleillée ; veillez toutefois à l'installer à l'abri des vents forts. Ne laissez jamais d'eau stagnante dans la soucoupe.

▲ Rose 'Aloha'.

❖ Le suivi pendant la saison

Pensez à arroser régulièrement, en laissant sécher le terreau entre deux apports d'eau. Le rosier supporte la sécheresse, mais rappelez-vous qu'aucune plante ne peut vivre sans eau, surtout en pot. Un point est crucial et impératif si vous voulez réussir votre culture : retirez systématiquement l'eau stagnante de la soucoupe.

Pendant toute la saison, apportez un peu d'engrais spécial rosiers. Une plante fleurit mieux lorsqu'elle se nourrit correctement et sans excès. Suivez bien les doses prescrites par le fabricant, ni plus, ni moins.

Coupez sans attendre les fleurs fanées et les gourmands (rejets) qui démarrent sous le point de greffe. Les rosiers non remontants fleurissent en mai-juin. Du côté des rosiers remontants, la première floraison se terminera en juillet et la deuxième aux gelées automnales ; vous aurez donc deux périodes de floraison.

En hiver, vous pouvez laisser vos bacs de rosiers au balcon en les abritant du vent et du gel. Paillez, couvrez au besoin et surélevez le pot afin de faciliter l'écoulement de l'eau.

La taille à proprement parler, celle de formation ou « reformation », se fera plutôt au printemps pour les rosiers remontants et après la floraison pour les rosiers non remontants. Pour les formes en buisson, couvre-sol et miniatures, retirez les branches cassées et mortes, et ne laissez que 5 branches maîtresses en les coupant à 20 cm de haut au-dessus d'un bourgeon dirigé vers l'extérieur. Pour les grimpants, laissez 4 branches maîtresses, gardez une charpente équilibrée, et conservez les pousses les plus vigoureuses. Coupez toutes les secondaires à 2 bourgeons extérieurs. Pour les rosiers tiges, coupez toutes les branches à un tiers de leur hauteur, supprimez les branches mortes ou cassées. Pour les pleureurs, coupez seulement les fleurs fanées et les branches mortes ou cassées.

❖ Quelques variétés sympas

Juste pour donner quelques idées…

- Buissons à grandes fleurs : 'Commandant Cousteau', rouge, au parfum puissant ; 'Michèle Morgan', blanc, au parfum très féminin.
- Buissons à fleurs groupées : 'Colette', rose corail, au parfum soutenu ; 'Iceberg', blanc pur, également très parfumé.
- ADR : 'Vittel', rouge ; 'Kosmos', ivoire ; 'Solero', jaune.

CALENDRIER DE CULTURE

Mars > Achetez votre rosier (vendu en pot) et prévoyez son contenant, le terreau, les billes d'argile et le feutre ; installez-le à exposition plein sud et à l'abri des vents.

Avril > Arrosez en laissant sécher le terreau entre deux apports d'eau, apportez de l'engrais.

Mai > Arrosez, apportez de l'engrais, coupez les gourmands.

Juin > Profitez des fleurs et du parfum. Taillez les rosiers non remontants après la floraison.

Juillet > Arrosez, coupez les fleurs des rosiers remontants.

Août > Arrosez.

Septembre > Réduisez l'arrosage.

Octobre > Coupez les fleurs des remontants ou laissez-les fructifier.

Novembre à février > Paillez et protégez le point de greffe ; plantez les rosiers à racines nues.

▲ Rose 'Burgundy ice'.

▲ *Sedum sp.*

SUCCULENTES

Les plantes succulentes, du latin *succulentus* qui signifie « plein de suc », sont très résistantes à la sécheresse et au froid, mais toutes ne sont pas comestibles malgré leur nom qui pourrait prêter à confusion.

❖ Grasses ou succulentes ?

Les puristes et autres botanistes les nomment « succulentes » mais vous pouvez aussi les trouver sous le nom de « plantes grasses ». Ces deux appellations font référence à l'incroyable capacité de ces plantes à stocker de l'eau dans les tissus de leurs tiges, de leurs feuilles charnues et même de leurs parties souterraines. Pour garder l'eau, ces végétaux développent de véritables stratégies : ils sont capables de se recouvrir de duvet, de fils de soie ou encore de former comme une couche cireuse sur le dessus des feuilles, ceci afin de limiter l'évaporation de la substance vitale. C'est bien grâce à ce caractère « succulent » que ces plantes ont développé des morphologies parfois très étonnantes, et c'est pour ne pas perdre trop d'eau que les feuilles se sont transformées en aiguillons chez les cactus, par exemple.

Leur réputation n'est plus à faire : leur grande résistance aux climats secs et rudes les précède. Vous en connaissez sans doute : aloès, agave, cactus, sédum, joubarbe, etc.

❖ Choisir une succulente

Les succulentes sont vendues en pots avec leur motte. On les trouve dans les rayons jardin pratiquement toute la saison, mais il est préférable d'opter pour une installation au printemps. Choisir une succulente, c'est craquer pour une morphologie, une originalité, une beauté d'ailleurs. Mais ne perdez pas de vue que c'est un être vivant, avec ses propres exigences et son propre développement. La plupart ont besoin d'un hiver doux et demandent un hivernage en situation hors gel alors, si vous résidez dans une région au climat rigoureux, prévoyez-lui une place en intérieur. Si votre balcon est assez important, vous pourrez opter pour des plantes à grand développement comme les cactus, les euphorbes, les aloès ou encore les agaves à placer en saison.

Sinon, préférez des plus petites succulentes qui résistent en extérieur, ceci afin de vous éviter l'hivernage qui pose toujours problème.

❖ Comment planter les succulentes ?

Les succulentes n'aiment pas l'eau stagnante, aussi déposez des billes d'argile dans le fond du nouveau contenant, recouvrez-les d'un feutre de jardin et remplissez votre potée d'un terreau spécial cactées, terreau parfaitement bien adapté à ces plantes car bien drainant. Une fois cette opération effectuée, creusez un trou de la taille du conteneur de votre plante. Retirez le pot en plastique puis, à l'aide d'une griffe, grattez les racines de la motte pour les aérer et les aider à bien s'installer. Posez la motte dans le trou, en veillant à ce qu'elle effleure la surface du nouveau contenant. Tassez et arrosez, ne laissez pas d'eau stagnante dans la soucoupe. Placez ensuite votre succulente en situation lumineuse et chaude.

❖ Le suivi pendant la saison

Pour bien gérer vos succulentes, procédez en deux saisons distinctes : été et hiver. Considérez que l'été est situé de mars à octobre, l'hiver de novembre à février... C'est un bon aide-mémoire afin de suivre au mieux vos plantes grasses.

D'une façon générale, vos plantes doivent être exposées toute l'année en situation lumineuse, c'est invariable. Par contre, l'arrosage qui est un point primordial doit être fait de façon très précise en respectant les besoins de la plante. Pour l'arrosage, respectez les deux saisons distinctes décrites ci-dessus : été et hiver.

L'été, l'eau ne doit pas manquer, mais laissez sécher le terreau entre deux apports d'eau ; le terreau ne doit pas être constamment trempé.

L'hiver, dans le début de cette période, ralentissez puis stoppez tous les ap-

▲ *Crassula rupestris conjuncta.*

TRUCS & ASTUCES

• Les succulentes n'aiment pas l'excès d'eau. Pendant la belle saison, de mi-mars à mi-octobre, arrosez en laissant sécher le terreau entre deux apports d'eau. De mi-octobre à mi-décembre, arrosez une fois par mois avec parcimonie. De mi-décembre à mi-mars, stoppez tous les apports d'eau.

• Pour manipuler facilement vos cactées et éviter de vous faire piquer, pensez à chausser vos gants. Vous pouvez aussi tenir vos végétaux avec du papier journal replié sur plusieurs couches. Tous les moyens sont bons pour ne pas être en contact avec des aiguilles parfois importantes.

• Certaines succulentes sont comestibles. C'est le cas des raquettes et fruits du cactus figuier de barbarie, *Opuntia ficus-indica*, ou du suc de l'aloès, *Aloe vera*. Renseignez-vous avant toute consommation.

ports d'eau et ceci impérativement de mi-décembre à mi-mars. Vous l'avez compris, vos plantes ont besoin de cette période de repos et il faudra alors les placer dans un endroit lumineux et aéré, à une température entre 5 °et 15 °C.

Si vous devez effectuer un rempotage, opérez au printemps, en mars. Le choix du contenant peut modifier le suivi de l'arrosage. En effet, la porosité d'un pot en terre cuite favorise le développement des racines et l'évaporation de l'eau. Si vous optez pour un pot en plastique, l'humidité se maintiendra plus longtemps et il vous faudra arroser un peu moins, au risque de faire crever les racines. Apportez un engrais liquide spécial cactées au printemps et en été.

❖ Quelques variétés sympas de succulentes d'extérieur

Du côté des joubarbes

- *Sempervivum arachnoideum* : joubarde à toile d'araignée, aux rosettes recouvertes de fils de soie.
- *Sempervivum tectoru* : joubarbe des toits, aux rosettes à bout pourpre, fleurs rouge pourpre et tiges de 30 cm de haut.
- *Sempervivum ciliosum* : joubarde au feuillage dense vert et velu, fleurs jaunes.

Du côté des sédums

- *Sedum spectabile* 'Carmen' : fleurs de couleur rose prononcé et feuillage bleuté, 40 cm,
- *Sedum spectabile* 'Septemberglut' : fleurs couleur pourpre, 40 cm,
- *Sedum spectabile* 'Iceberg' : fleurs de couleur blanche, 30 cm.

CALENDRIER DE CULTURE

Mars > Achetez les succulentes de votre choix, installez-les dans leurs contenants avec un bon terreau drainant.

Avril > Profitez de la floraison de votre joubarde, arrosez modérément et sans laisser d'eau stagnante dans la soucoupe.

Mai > Profitez encore, arrosez en laissant sécher le terreau entre deux apports d'eau.

Juin > Profitez, arrosez.

Juillet > Profitez toujours, arrosez.

Août > La floraison du sédum débute. Arrosez en laissant sécher le terreau entre deux apports d'eau.

Septembre > La floraison se développe, arrosez.

Octobre > Réduisez les arrosages, profitez encore de la floraison.

Novembre > Stoppez les arrosages, coupez les hampes défleuries ou laissez en place.

Mars > Divisez, reprenez les arrosages avec parcimonie.

▲ *Crassula ovata monstruosa.*

FOCUS SUR LA JOUBARBE

Description

Les joubarbes, petites vivaces très décoratives, puisent leurs origines en montagne. Avec leur port en rosette et leurs nombreuses petites feuilles « grasses » très serrées, elles ont un charme fou. La forme des feuilles est très variable en fonction de l'espèce : elles peuvent être linéaires, oblongues, lancéolées, elliptiques, spatulées ou cordiformes. Certaines sont lisses, d'autres duveteuses, veloutées et même parfois poisseuses. Elles proposent des couleurs diverses et variées : jaune, vert, bleuté à bleu-vert, gris, rougeâtre, pourpre plus ou moins prononcé. C'est à la fin du printemps et au tout début de l'été que les fleurs apparaissent, affichant des coloris de jaune pâle, rouge, rose ou blanc.

Technique culturale

Contre toute attente, la joubarbe a un système racinaire important, formé de longues racines verticales qui cherchent à aller toujours plus loin. Optez pour un récipient assez profond et large, afin de permettre à la plante de bien se développer. Le substrat utilisé doit être très drainant. Placez des billes d'argile dans le fond du pot et recouvrez d'un feutre de jardin. Arrosez avec parcimonie de mars à octobre en laissant sécher le terreau entre deux apports d'eau, et jamais d'eau stagnante dans la soucoupe. Placez votre plante en exposition chaude et ensoleillée. Supprimez les rosettes desséchées au fur et à mesure de leur apparition. Guidez le développement des racines et coupez-les si besoin.

Trucs & astuces

La joubarbe fait partie des plantes utilisées dans l'installation des toitures végétalisées, ceci pour leurs vertus protectrices contre la foudre, et leurs effets bénéfiques sur le climat, les microclimats et l'hygrométrie. Pendant la période des pluies automnales et hivernales, placez vos pots de joubardes à l'abri des pluies battantes.

FOCUS SUR LE SÉDUM

Description

Sedum spectabile, le plus plébiscité des sédums d'automne, est également appelé orpin des jardins. Cette plante vivace et succulente fait partie des incontournables d'automne. Il faut dire qu'elle est belle, qu'elle amène de jolies teintes vives et qu'elle est d'une culture très facile. Ces feuilles vert bleuté sont ovales et charnues. Ses tiges épaisses forment une touffe dressée d'au moins 50 cm de haut. La floraison débute en fin d'été avec des boutons vert clair, qui s'épanouissent en petites fleurs étoilées, blanches, roses ou pourpres, jusqu'au mois d'octobre. Et quand elles fanent, les fleurs devenues brunes proposent également un joli tableau et peuvent même entrer dans la composition de bouquets secs. Sous la neige, ces fleurs offrent un joli tableau.

Technique culturale

Optez pour un pot d'au moins 30 cm de profondeur. Placez des billes d'argile dans le fond du pot, recouvrez d'un feutre de jardin, et utilisez un terreau bien drainant. Arrosez de mai à octobre en laissant sécher le terreau entre deux apports d'eau, et jamais d'eau stagnante dans la soucoupe. Placez votre plante en exposition chaude et ensoleillée, abritée des vents forts. Le sédum est une plante vivace, ce qui signifie qu'en hiver le feuillage disparaît pour ne laisser que les tiges et les fleurs séchées dressées. La repousse de la végétation se fera avec l'arrivée du printemps.

Trucs & astuces

- Si la plante est trop à l'étroit dans son pot, et pour la diviser, préférez opérer au printemps. Coupez la touffe à l'aide d'une spatule et replantez la nouvelle plante immédiatement dans un nouveau contenant.
- Pendant l'automne, placez vos pots de sédum à côté de vos graminées et de vos heuchères. Vous allez offrir à votre espace extérieur une jolie décoration automnale.

▲ *Thymus citriodorus.*

THYM

La légende dit qu'au Moyen Âge, les sorcières fabriquaient des filtres d'amour à base de thym. De là à offrir un bouquet de thym à l'être cher à votre cœur…

❖ Du soleil, sinon rien !

Le thym est un petit sous-arbrisseau aromatique vivace ne dépassant pas 30 cm de haut, à port étalé ou dressé. Originaire du bassin méditerranéen, c'est l'incontournable herbe de Provence qui entre dans la composition du si célèbre bouquet garni.

Son feuillage est persistant et fortement aromatique. On l'utilise dans les sauces, les légumes, les viandes et même les poissons. Vous pouvez en mettre partout à votre gré.

Le thym est une petite plante du Sud qui redoute particulièrement l'humidité ; pour elle, c'est soleil à tout prix ! La plante est rustique mais, à partir de -5 °C, il faudra songer à protéger le pied. Dans ces températures, les feuilles vont geler mais, dès le printemps, vous aurez le privilège de les voir repousser avec beaucoup de plaisir. La floraison intervient dès le printemps, en jolies petites fleurs délicates allant du rose pâle au violet soutenu, selon les variétés. Le thym est une plante mellifère qui attire les abeilles, facilitant ainsi la pollinisation de toutes nos plantes au balcon. Côté déco, le feuillage vert-gris apporte une petite touche de fraîcheur.

Le nom de cette plante vient du grec thio qui signifie « je parfume ». Parfumez votre vie et votre balcon avec du thym !

❖ Choisir un thym

Vous le rencontrerez dans les rayons jardin presque toute l'année : le thym est une plante vivace vendue en pots

TRUCS & ASTUCES

• En tisane, le thym sert à soigner les infections respiratoires. C'est aussi un excellent calmant. Il est antiseptique et a des propriétés antivirales. Il est également stomachique, expectorant et antispasmodique. Tout ça !

• Pour le faire sécher, coupez les rameaux jusqu'à 5 cm du terreau, suspendez vos petits bouquets la tête en bas dans un endroit chaud, sec, bien aéré et à l'abri de la lumière. Conservez-les ensuite dans un bocal hermétique.

• Le thym, le romarin et la sauge ont les mêmes besoins en soleil et en eau. Composez une balconnière de ces trois plantes aromatiques.

▲ *Thymus longicaulis* 'odoratus'.

que vous pouvez installer en toute saison en dehors des périodes de gel. Vous le trouverez facilement dès l'automne, mais aussi au printemps. Cette dernière saison est d'ailleurs préférable pour la plantation, car le thym a un enracinement assez rapide, et surtout vous profiterez immédiatement de ses qualités aromatiques.

Faites le tour des rayons, vous allez forcément trouver le thym de votre choix ! Regardez de près les spécimens proposés, il existe des centaines d'espèces et variétés de thym, dont le fameux thym serpolet. Le thym citron est particulièrement apprécié car, comme son nom l'indique, il possède une agréable saveur citronnée. Sinon, si vous ne savez réellement pas lequel choisir, reportez-vous à la couleur des fleurs ou du feuillage. Certains thyms portent des fleurs d'un mauve époustouflant et d'autres arborent un feuillage panaché.

❖ Comment planter le thym ?

Installez votre thym en petite potée ou même en balconnière, en prévoyant une profondeur minimale de 20 cm. Le thym déteste l'eau stagnante, aussi déposez des billes d'argile dans le fond, recouvrez-les d'un feutre de jardin et remplissez votre potée d'un terreau de plantation bien drainant. Une fois cette opération effectuée, creusez un trou de la taille du conteneur. Retirez le pot en plastique puis, à l'aide d'une griffe, grattez les racines de la motte pour les aérer et les aider à bien s'installer. Posez la motte dans le trou, en veillant à ce qu'elle effleure la surface du terreau. Tassez et arrosez. Placez ensuite votre thym

CALENDRIER DE CULTURE

Mars > Achetez votre thym, un contenant adapté, un bon terreau drainant, des billes d'argile, du feutre de jardin ; installez-le en situation ensoleillée.

Avril > Profitez du feuillage, arrosez mais sans laisser d'eau stagnante dans la soucoupe.

Mai > Profitez encore, arrosez, les fleurs sont là.

Juin > Arrosez, récoltez les tiges fleuries.

Juillet > Profitez du parfum, arrosez.

Août > Coupez les tiges défleuries, arrosez.

Septembre > Profitez, faites sécher des tiges tête en bas.

Octobre > Réduisez les arrosages, retirez les feuilles mortes.

Novembre > Placez vos potées en situation abritée du vent et du gel, mais au soleil.

Mars > Coupez les parties sèches, faites un surfaçage.

▲ Thym 'Spicy orange'.

en situation ensoleillée et chaude. Ne laissez pas d'eau stagnante dans la soucoupe.

❖ Le suivi pendant la saison

Pensez à arroser régulièrement vos potées de thym en laissant sécher le terreau entre deux apports d'eau. Si vous avez manqué un ou deux arrosages, pas de panique, le thym supporte bien les périodes de sécheresse. Mais attention, aucun végétal ne peut vivre sans eau, surtout une plante en pot, car l'évaporation due au rayonnement du soleil se fait beaucoup plus vite qu'en pleine terre. L'ennemi numéro un de votre thym reste toutefois l'humidité : retirez impérativement l'eau stagnante de la soucoupe.

Au fil de la saison, supprimez les feuilles sèches ou abîmées, en serrant la tige à rebrousse-feuilles entre deux doigts. Les fleurs fanées peuvent être mises au compost ou aux déchets verts.

Il n'est pas nécessaire d'apporter de l'engrais. Récoltez de préférence les extrémités des tiges et les feuilles au début de la période de floraison. Coupez les extrémités des pousses ; la touffe sera plus dense et plus belle. Procédez à une taille harmonieuse en conservant une forme bien arrondie.

Votre thym peut rester sur le balcon, toujours en situation ensoleillée, jamais à l'ombre. Dans les régions aux hivers rigoureux, protégez les racines du froid en paillant le pot et en l'enveloppant dans du plastique à bulles. Veillez à ce qu'il n'y ait pas d'eau dans le pot : l'eau stagnante et le gel pourraient faire mourir les racines. Surélevez le pot avec des petites cales pour favoriser l'écoulement de l'eau.

Après le passage hivernal, en mars, recoupez au besoin les tiges desséchées et faites un surfaçage en remplaçant la couche superficielle de substrat par du terreau drainant neuf.

❖ Quelques variétés sympas

- **Thym commun** (*Thymus vulgaris*) : sans doute le plus parfumé.
- **Thym citronné** (*Thymus* x *citriodorus*) : saveur de citron.
- **Thym odorant** (*Thymus fragrantissimus*) : odeur et saveur d'orange.
- **Serpolet** (*Thymus serpyllum*) : port rampant.
- *Thymus* 'Snow White' : port arrondi.

VERVEINE

▲ Verveine citronnelle.

Quand on pense à la verveine, on se sait chanceux d'avoir un balcon, car la plante va déployer de magnifiques floraisons et faire de superbes vasques. Quelle veine d'avoir des verveines au balcon !

❖ Verveine, pas vaine

La verveine, quelle famille ! Originaire des régions tropicales, le genre comprend plus de 250 espèces annuelles et vivaces. On pense à la verveine citronnelle, mais pas seulement !

La verveine des jardins, la bien nommée verveine hybride, c'est celle que vous avez déjà croisée aux détours de nombreux massifs fleuris. Sa floraison de juin à octobre est superbe et tellement compacte que le feuillage disparaît littéralement dessous. Comment résister à ses pompons de fleurs blanches, rouges, roses ou violettes ? Malheureusement, la plante est une annuelle. Elle mourra dès les premières gelées et il vous faudra la remplacer tous les ans.

Installez-la de préférence à exposition chaude et ensoleillée, quoique la mi-ombre ne lui fasse pas vraiment peur. Choisissez un terreau enrichi, car la plante est plutôt gourmande. Il faudra maintenir le terreau humide pour qu'elle se développe aisément.

❖ Choisir une verveine

La plante est dans les rayons jardin, en godets, dès le début du printemps. Si les gelées sont encore à craindre, pensez à la protéger car elle est gélive.

Au nord de la Loire, suivez bien la météo. Au sud de la Loire, vous allez pouvoir l'installer dès avril. *Verbena* x *hybrida*, appelée plus couramment verveine des jardins, est la plus cultivée, celle que l'on trouve essentiellement en magasin. Ses coloris forment une riche gamme de blancs, roses, rouges, violets et bleus.

Grâce à sa petite taille, la verveine peut aussi s'installer au pied d'un arbuste. Il vous est alors possible d'harmoniser les couleurs des deux plantes compagnes. Si votre balcon est très ensoleillé, apportez une pointe de fraîcheur avec les couleurs froides comme le bleu ou le violet. À l'inverse, le jaune et le rouge apporteront de la chaleur.

❖ Comment planter la verveine ?

Remplissez votre potée d'un terreau pour plantes fleuries, en choisissant un contenant d'au moins 40 cm de profondeur. Une fois le terreau en place, retirez avec soin le godet en plastique de vos plants puis, à l'aide d'une petite griffe, défaites délicatement les racines. Creusez un trou de la taille du godet dans le terreau, placez la petite motte dedans, tassez et arrosez. Même si le terreau de vos verveines doit toujours rester humide, il ne faut en aucun cas laisser de l'eau stagnante dans la soucoupe : elle pourrait engendrer le pourrissement des racines et quand les racines sont pourries, la plante est bonne pour le compost.

❖ Le suivi pendant la saison

Maintenez le terreau impérativement humide, car une situation trop sèche

TRUCS & ASTUCES

- La verveine peut être la proie des pucerons. Placez un pot de menthe à proximité dès que ces indésirables se trouvent en nombre : l'odeur puissante de cette aromatique les fera fuir.
- L'oïdium est un champignon microscopique qui se développe souvent sur la verveine. Pour limiter sa propagation, installez des œillets d'Inde près de votre plante.
- Afin de garder le terreau humide, paillez vos potées ou balconnières avec des billes d'argile, de la paillette de chanvre ou du mulch de cacao. Vous pouvez les installer à la mi-ombre pour limiter les apports d'eau.

▲ *Verbera rugosa.*

serait néfaste pour la survie de votre verveine. Mais attention à ne pas la noyer ; trop d'eau entraînerait un problème de pourriture ou l'apparition de maladies. Songez à lui apporter régulièrement un engrais biologique spécial fleurs. Respectez bien les doses prescrites par le fabricant, car l'excès d'engrais est néfaste pour la plante : en surdose, il pourrait brûler les radicelles qui lui permettent de s'alimenter, ce qui la ferait passer de vie à trépas. Retirez toutes les fleurs fanées au fur et à mesure de leur apparition.

❖ Quelques variétés sympas

Il existe un grand nombre de variétés de verveine des jardins.

- 'Peaches and Cream', aux très jolies fleurs, a été primée pour ses couleurs abricot et crème.
- La série *Novalis* n'a pas d'équivalent pour les suspensions.
- 'Tukana Strawberry and Cream' produit de très jolies fleurs aux pétales ponctués de couleur crème.

▲ *Verbera aztec* 'Peach'.

CALENDRIER DE CULTURE

Mars > Achetez les verveines et les contenants adéquats.

Avril > Mettez vos verveines en place lorsque les gelées ne sont plus à craindre.

Mai > Apportez de l'engrais en respectant les dosages.

Juin > Arrosez ; le terreau doit rester humide, mais sans eau stagnante dans la soucoupe. Éliminez les fleurs fanées.

Juillet > Profitez de vos fleurs, apportez de l'engrais, suivez l'arrosage.

Août > Paillez et installez vos plantes à la mi-ombre pour limiter les apports d'eau.

Septembre > Supprimez les fleurs fanées, espacez les apports d'eau.

Octobre > Mettez vos verveines au compost, c'est la fin de saison !

INDEX

CRÉDITS PHOTOS

Couverture : iStock et Biosphoto.

Biosphoto

Juan Manuel Borrero : p. 68 (bas) ; **Flora Press** : p. 129 ; **Catherine Fruhinsholz** : p. 68 ;
Garden Exposures Photo Library : p. 133 ; **Gardenpix / Nicola Stocken Tomkins** : p. 171 ;
P. & M. Guinchard : p. 66 (bas) ; **Michel Gunther** : p. 139 ; **Muriel Hazan** : p. 78 ;
B & G Média : p. 27 ; **NouN** : p. 113 ; **National Geographic Society** : p. 168 ;
Friedrich Strauss : pp. 5, 8, 71, 72, 99, 105, 114, 128, 180, 182 ; **Vision Pictures** : p. 143.

Istock

Pp. 10, 12, 13, 14, 16, 17, 65, 67, 104.

Rustica

Franck Boucourt : pp. 6, 18, 38, 79, 85, 91, 107, 123, 163, 181 ; **Éric Brenckle** : pp. 19, 24, 29, 34, 45, 51, 60, 74, 77, 83, 86, 90, 95, 109, 110, 112, 115, 116, 117, 119, 122, 126, 134, 138, 140, 142, 144, 146, 152, 153, 164, 167 ; **Christian Hochet** : pp. 20, 30, 31, 36, 43, 44, 57, 76, 80, 94, 101, 108, 111, 125, 127, 141, 155, 159, 160, 162, 173, 174, 175, 176 ; **Virginie Klecka** : pp. 32, 56, 121, 124, 132, 166 ; **Frédéric Marre** : pp. 4, 22, 25, 40, 42, 46, 47, 48, 49, 50, 52, 53, 54, 55, 58, 62, 63, 66 (haut), 75, 81, 82, 84, 87, 88, 92, 93, 96, 97, 98, 100, 102, 103, 106, 130, 135, 136, 137, 145, 147, 148, 154, 156, 157, 158, 161, 170, 172, 178, 179, 183, 184, 185, 186 ;
Alexandre Petzold : pp. 59, 61, 69, 118, 120, 131, 149, 150, 151, 165, 177, 187.

MIXTE
Papier issu de
sources responsables
FSC® C110418

Direction éditoriale : Élisabeth Pegeon
Suivi éditorial et iconographie : Julie Parpaillon
Création graphique : Mathieu Tougne
Mise en pages : Véronique Sommeilly
Direction de fabrication : Thierry Dubus
Suivi de fabrication : Sabine Marioni
Relecture : Hélène Fitamant Gaudin

Gravure : Turquoise

N° d'édition : R19189-02
Achevé d'imprimer en novembre 2019 par DZS en Slovénie.